AF588712

A. C. N. Lib. Austin de Croze

# LIVRET D'OR

## DE LA GASTRONOMIE FRANÇAISE
## SALON D'AUTOMNE 1924

publié par Austin de Croze
Paris Novembre 1924



PRIX: 3 fr
Editions des HORIZONS de France
29 bis Rue Demours · Paris XVIIe
Tél: Wagram 69-55

# LIVRET D'OR

## DE LA GASTRONOMIE FRANÇAISE
## SALON D'AUTOMNE 1924

publié par Austin de Croze
Paris Novembre 1924



PRIX : 3 fr

Editions des HORIZONS de France
29 bis Rue Demours · Paris XVII^e
Tél : Wagram 69.55

Chocolats
Fondant
Excellence
Chocamara
au Café
Chocolats
Vogésia
Creme de Lait
à la Noisette
aux Amandes
Schaal
SCHAAL
Chocolatier
STRASBOURG
SCHAAL
STRASBOURG

# PRÉFACE

POUR la deuxième fois, le Neuvième Art — la cuisine — va tenir ses assises au Grand Palais, en plein Paris, au cœur de la France, — du monde. Au seuil de cette manifestation — grandiose parce que toute notre France y est conviée — je salue avec émotion les chers collaborateurs et les bons ouvriers de la première heure, tous ceux qui ont compris qu'il peut y avoir un idéal dans l'art de manger comme dans l'art de préparer les mets. Et je les remercie d'autant plus que, l'an dernier, il nous fallut âprement lutter contre des partis-pris et des manœuvres intéressées qui n'ont pas toutes désarmé.

Avant la lettre, certains moquaient la première tentative d'une Section Gastronomique Régionaliste osée par le Salon d'Automne grâce à son impétueux Président, le maître Frantz-Jourdain ; or, le succès prodigieux de cette première tentative a démontré que la cuisine était véritablement à sa place parmi les Arts. Paris — que dis-je, le monde entier — l'a glorifiée. Tous, au Salon d'Automne, nous en sommes fiers car cette gloire rejaillit sur les bons cuisiniers et sur toutes les régions qui ont compris le caractère et le but de cette Section, la dernière venue et non la moins vivante puisque celle des bons vivants.

Oui, malgré les vrais maîtres qui l'honorent à Paris et l'exaltent dans tous nos bons coins de France, ou la cuisine subissait le contre-coup de modes affolées et sottes, la cuisine devenait de plus en plus cosmopolite et chimique, amorphe et sans originalité, cuisine de cocktails, de dancings et de jazzbands, de palaces et de wagons-restaurants. Les eaux minérales remplaçaient les vins, les fromages disparaissaient, l'huile d'olive devait céder la prééminence aux huiles de machine, et, à Paris, dans nos grandes villes et nos stations thermales ou balnéaires, l'oubli se faisait sur nos incomparables trésors des recettes locales et de produits régionaux.

J'ai eu l'honneur de déclancher ce mouvement de renaissance gastronomique régionaliste, j'y ai peiné, j'en ai souffert aussi — et cela est ma fierté — mais il a réussi ; j'ai donc réalisé un peu mon rêve. Je ne l'ai réalisé que grâce à mes dévoués collaborateurs et parce que, de toutes nos régions de France, des amitiés ferventes ont secondé nos efforts, et que les *artistes* ès-cuisine, chefs et restaurateurs, ont compris que la bonne cuisine est essentielle à la santé, au tourisme, au renom extérieur de la France.

Et parce que tous ceux qui savent que manger n'est pas s'emplir la panse ou boire s'enivrer, sont venus en foule au Salon d'Automne de 1923 acclamer les grands chefs et cordons-bleus de treize régions françaises et qu'une cohorte de cinq cents gourmets et gourmands — l'*Association des Gastronomes Régionalistes* — s'est formée ensuite autour de la première bataille, le succès de l'idée et de la réalisation s'est affirmé absolu ; il s'affirmera plus complet encore pour les chefs, qui, cette année, vont à notre tournoi culinaire représenter vingt régions françaises et un pays ami, lequel est — prolongement de la Franee — la Belgique.

Cependant, des ouvriers de la treizième heure font maintenant de la surenchère et, tout de go, demandent à ce que la cuisine soit reconnue non comme le Neuvième mais comme le Premier des Arts ! Ils voudraient faire oublier que l'an dernier ils n'eurent pas assez de sarcasmes contre cette entrée — si j'ose dire — de la cuisine au Salon. Le succès les a tout soudain convertis et ils exagèrent un peu.

D'autres qui — n'ayant rien compris aux magnifiques efforts gastronomiques de la Foire de Dijon ou de la Foire de Lyon et aux « Semaines Gastronomiques inaugurées cette année à Nevers, Tours, Grenoble et Angers — vitupéraient le « Père du Neuvième Art » et ses collaborateurs pour ce qu'ils *osaient* glorifier la vraie bonne cuisine française au plus parisien et au plus vivant de nos grands salons d'Art, d'autres ont rendu à notre Section Gastronomique ce suprême hommage de la copier et de se proclamer innovateurs, tout en faisant de la cuisine « à la manière de... ».

Mais dans la splendeur du Salon d'Automne, emmy les affriolantes buées qui montent des casseroles toutes ronronnantes des bons vieux mets de nos terroirs, au cliquetis des verres pleins de nos adorables vins de France, passe, majestueuse — et superbe parce que vibrante de foi — la caravane des bons Chefs et Cordons-bleus, des vrais gastronomes, de ceux qui veulent garder intact le trésor incomparable des *bonnes choses* de chez nous.

Alors, vous qui allez lire ces pages où des gastronomes, écrivains de haute valeur, ont si bien décrit tant de substantielles richesses, n'oubliez pas que ce sont les artistes du Salon d'Automne qui ont reconnu et admis parmi eux cet art charmant, subtil et fort de la Table française, la Gastronomie régionaliste, et que nous leur devons toute notre reconnaissance.

Austin DE CROZE,
Président de l'Association
des Gastronomes Régionalistes.

# COMMUNIQUÉ DE L'ENCADREUR

*LE 21 juin* (1) *à 18 h. 30" « au rapport » Frantz-Jourdain ayant réuni « les cadres », distribua les ordres pour l'heure H encore mystérieuse où l'armée d'automne allait se ruer à l'assaut du Grand Palais.*

*Fixant les objectifs il précisa :* (2)

*« Les sculpteurs, sous les ordres de Marque, s'établiront « sur les paliers ouvrant aux peintres les accès du premier « étage.*

*« Les décorateurs en liaison avec les « Art Urbain » « occuperont le rez-de-chaussée de l'aile nord-ouest, et la « rotonde axe véritable de toute la manœuvre.*

**Les Gastronomes ?**

*Ici le grand commandeur de l'esprit moderne laissa tomber sur son humble lieutenant son terrible regard et dit :* (3)

*« Afin d'installer confortablement le grand état-major « des « Chefs », le 18 octobre, au matin, l'Art Urbain « investira le premier étage de la déjà précédemment « nommée rotonde et y établira les positions gastro- « nomiques. »*

*Le frisson de Turenne me secoua tout entier. Si le pastiche n'était formellement banni du Salon d'Automne je me serais instinctivement écrié le fameux : « Tu trembles carcasse, etc. », je n'en fis rien ; je tremblais.*

*L'opération était difficile ; la rotonde, au premier étage, est une étroite et obscure passerelle contournant le goufre béant du pérystile et formant solution de continuité entre l'aile droite et l'aile gauche des peintres.*

*On y accède au nord-est au moyen d'un escalier dissimulé par une « chicane » et des « redans » d'une telle science, que le dit escalier peut passer pour un chef-d'œuvre d'architecture défensive*

*Je devins blême.*

*Le regard du grand chef me galvanisa* (4)

(1) (?)
(2) L'auteur va un peu fort.
(3) Même note que précédemment.
(4) Censuré.

*...pourtant et malgré la défection de* (Vingt mots censurés).

*Après quelques reconnaissances faites, par Delair et Tutti Quanti... le 17 au matin la chère « Compagnie du gaz » prépara le no man land et installa, au sommet même de l'escalier terrible toute une batterie de fourneaux Briffault à forts brûleurs.*

*Le 18, situation inchangée.*

*Le 19, nous nous consolidons sur les positions acquises le 17.*

*Le 20, les motolaveurs viennent nettoyer la place.*

*Les 21 et 22, par une action continue les charpentiers débordant au sud, occupent le vide coupant la galerie nord.*

*Le 23, le mouvement tournant les ramène sur leur axe de départ. La rotonde est complètement investie.*

*Le 24, le professeur Brunet partant du même axe, les conduit, sur une sécante, établir une tête de pont dans le réduit elliptique, tangent au front est. Cette tête de pont est destinée à devenir « La Cave ».*

*Le 25, nous évacuons précipitamment cette position devant* (50 mots censurés).

*Le 26, le professeur Brunet s'installe sur une position de repli.*

*Le 27, Dariel établi « La Terrasse d'Auberge ».*

*Les 28, 29 et 30 l'installation continue. « Anonymement » Le Printemps...* (censuré 42 mots).

*De Saulniere me prête un homme.*

*Multipl's élève ses tours de chaises.*

*Selmershein (Tony) et Monteil dansent devant le buffet.*

*Les vaiselles de Primevera éteincellent.*

*Les argenteries croisent leurs feux.*

*Les batteries de Gaillard reluisent.*

*Et le premier novembre à 8 h. 30 tandis que Rivière prépare « le jus », « les Chefs » conduits par Rouzier font leur entrée.*

L'encadreur.
Certifié complètement inexact par
Marcel TEMPORAL.

# LE RÉGIONALISME ET LA TABLE

Je suis allé, l'autre jour, parler aux cuisiniers de Paris. (Leur syndicat, occupé, à juste titre, de leur éducation professionnelle, vient de fonder une *Faculté de cuisine*, à laquelle l'Institut d'hygiène alimentaire donne une aimable hospitalité). De quel sujet auriez-vous voulu que je les entretinsse, hormi des traditions culinaires régionales ? Et il ne me déplaît pas de redire ici, en résumé, ce que je leur ai dit.

Si l'Association des gastronomes régionalistes mène une vigoureuse campagne, c'est que nos traditions gastronomiques sont en danger, comme les autres. L'éducation du goût se perd. On mange vite et mal. Ainsi que les peuples pour le gouvernement, les clients ont la cuisine qu'ils méritent. Et d'autre part, la centralisation, là aussi, exerce ses ravages : cuisine uniforme et en série, mépris des originalités savoureuses, — c'est le terme propre, en cette matière, — ignorance des ressources du terroir et des besoins de la race. Il est grand temps de réagir.

La cuisine de nos provinces était (elle est encore, Dieu merci !) rationnelle parce que variée, et variée parce que rationnelle. Elle utilise les produits locaux : la truffe et le maïs, la poularde, l'huile et le beurre, le vin du cru. Elle répond à des nuances d'âme, elle sert la vie. Le Provençal, au sang vif, ne se nourrit pas comme le Flamand buveur de bière.

Elle est honnête et probe, faisant fi des sauces en bouteilles, des mixtures savantes et délétères, des conserves et des bouillons kubiques. La pièce du logis où elle se confectionne est souvent la plus vaste et la mieux éclairée. (Pauvres Parisiens, vous travaillez dans des sous-sols sans lumière et sans air.) La belle chose qu'une batterie de cuivres étincelants !

Elle est traditionnelle, se pliant au rythme des fêtes, du boudin de Noël, aux crêpes de la Chandeleur et à l'omelette pascale. Comme les chansons de nos dialectes, elle s'applique aux circonstances et les souligne. Comme elles, elle se transmet oralement ou par de petits cahiers personnels, que chaque ménagère enrichit à son gré et entr'ouvre, parfois un peu jalousement, pour ses seules amies. Qui dira le charme et le soin des recettes familiales ?

Enfin, elle a sa petite portée morale, et qui n'est pas à dédaigner. C'est une œuvre de choix qui veut beaucoup d'amour On n'élabore pas un pot-au-feu, ce pot-au-feu que le midi appelle la soupe grasse, sans une attention dévote. Du coup, la femme lit moins de romans et le mari trouve plus d'attraits au foyer. Moins de prix littéraires pour les Muses du département, et quelques prix pour le gratin, la tarte ou le bœuf en daube.

Ainsi, là comme partout ailleurs, le régionalisme nous dicte ses sages leçons. Il ne faut pas les mépriser. D'autant que la cuisine de nos provinces nous les dicte en maîtresse aimable et les illustre par des exemples dont nos palais sont ravis, en même temps que notre raison. Charles Brun.

# CE QU'ON EXIGE D'UN BON CONVIVE

Aux qualités qu'on exige d'un bon convive, combien de gens seraient dignes d'être amphytrions ? Car le bon convive ne doit pas seulement apporter à table un robuste appétit et une soif inextinguible ; la goinfrerie est à la portée de tous les estomacs solides.

Le bon convive doit être avant tout un délicat Gastronome et un peu dégustateur de vins. Il faut qu'il puisse apprécier et juger en connaissance de cause les mets exquis et les vins délicats, le talent d'un chef et la *manière* d'un cordon bleu.

Un grand Amphytrion avait donné, il y a quelques années, un dîner glorieux où s'était invité à la dernière minute un de ces redoutables " Labadens " qu'on ne peut jamais éliminer. Comme on servait un incomparable Clos Vougeot 1904, le " Labadens " fit claquer sa langue contre son palais indigne et s'écria :

— Mon vieil ami, voilà un petit reginglard comme on n'en trouve pas chez tous les bistros. Ça doit te coûter au moins cent sous la bouteille ?

L'Amphytrion pensa en faire une congestion.

Et le " Labadens " ne fut plus invité, mais évité.

On ne demande plus au convive de chanter au dessert ; mais on lui sait gré d'avoir l'esprit et le sens de la conversation.

Il importe toutefois qu'il n'en abuse point. Le monsieur " qui tient le crachoir " est un convive insupportable. Les grandes joies gastronomiques s'accommodent d'un discret recueillement. Il faut que l'on " s'entende manger ".

L'humoriste Perdiccas a écrit jadis cette phrase irrévérencieuse.

— « Le silence est la plus belle parure d'une femme ».

Combien d'hommes pourraient s'inspirer de cette sévère maxime !

Le monsieur qui raconte des histoires avant le dessert apparaît aux vraies gastronomes comme un redoutable fléau ! D'abord toutes les " histoires " sont dans *T. S. V. P.* et aujourd'hui tout le monde les connaît. Le plus sûr moyen de les *couper* est de dire tout de suite le mot de la fin, pour lequel seul elles furent inventées. Toutefois, avec les liqueurs, quelques *contrepeteries* bien choisies ou quelques *surnoms* récents obtiennent toujours leur petit succès.

Le bon convive doit montrer une sûre érudition gastronomique et une connaissance approfondie des choses de la table.

Il s'assurera un triomphe s'il peut citer le nom de quelqu'un de ces bons petits restaurants où le patron fait la cuisine lui-même — s'il connaît un de ces charmants " vin de pays " comme on en trouve partout en France — s'il peut désigner avec précision, dans telle province lointaine, une auberge ignorée où l'on puisse déguster un cassoulet, une bouillabaisse, un *beurre blanc*, un coulis de queues d'écrevisses, une *garbure* ou une *cotriade*.

Enfin le bon convive ne doit jamais étaler cet égoïsme qui confine à la simple goujaterie. Si parfait que soit le plat qu'il est prier de déguster, il ne doit pas oublier qu'il a des voisins et parfois des voisines.

Mais il n'est point de bons convives sans de bons Amphytrions — et l'espèce en devient plus rare, à mesure que la vie devient plus chère, que la crise des domestiques devient plus aigue et que les nouveaux riches se sont mis à recevoir.

Aussi les gastronomes dînent-ils rarement en ville.

Ils préfèrent un bon restaurant où ils peuvent choisir les plats qu'ils préfèrent.

— Ce qui les dispense des visites " de digestion " — et les allège du poids de la reconnaissance.

Car la reconnaissance du ventre pèse toujours sur l'estomac. Curnonsky.

# LES TEMPLES DE GASTEREA

PASSANTS qui passez et vous arrêtez en ce coin du Grand Palais, vous êtes dans le Temple de Gasterea.

Gasterea est une muse que vous ne vîtes ni sur le Pinde, ni sur le Parnasse; elle n'existait pas au bon vieux temps des dieux.

Gasterea est une petite muse moderne sortie, toute grande, toute dodue, du cerveau de Brillat-Savarin. C'est la muse de la Gastronomie.

Alors que tous les dieux, grands ou petits, avaient leurs temples sous le ciel, Comus, dieu des festins, frère aîné de Gasterea n'en avait nulle part. Et pourtant le gai luron jettait des fleurs sur toutes les tables et de la poudre d'or sur les seins des jolies femmes. Faute de temple, on ne pouvait le prier; mais on l'adorait dans toutes les maisons où l'on se couronnait de pampre pour mieux boire, tout en mangeant des poissons qu'on avait nourri avec des figues à seule fin qu'ils aient une chair plus blanche,

Tout comme Comus, Gasterea n'a pas de temple spécialement consacré à ses charmes. Cependant le temple de Gasterea, vous le trouverez partout où monte, vers le ciel, la fumée parfumée qui s'échappe d'une dodine où d'un poêlon. Courez le monde entier ou, simplement parcourez notre belle France et vous verrez mille temples où Gasterea règne en maîtresse.

⁂

Il y a des temples qui ne sont que des masures dans une forêt : des masures de branchages sous lesquelles des bûcherons, couverts d'une peau de mouton encore mouillée de rosée, regardent avec amour la vaste marmite où cuisent des châtaignes. On en ouvre une, d'un coup de couteau; la pulpe en est blanche et farineuse..... elles sont prêtes. La gourde de cidre circule de mains en mains, de bouche en bouche..... Gloire à Gasterea!

⁂

Il existe des temples moins primitifs, où la table de bois blanc se couvre d'une nappe de grosse toile, avant le sacrifice. Vous en trouverez sur toutes les routes, sur tous les chemins. Laissez votre cheval à la porte, et asseyez-vous. Soyez confiant; n'ajoutez aucune foi aux racontars. Une auberge n'est pas toujours un repaire où l'on vous reçoit à coups de fusil.

— Bonne hôtesse, qu'avez-vous à manger?

— Rien de bon... Ce que nous avons pour nous... On vous fera une omelette en plus.

Quelle omelette! Ses flancs meurtris laissent échapper le jambon rissolé. Du beurre de tous côtés!... Dedans... Dehors.

Puis c'est le ragout de la maison : tout simplement quelques morceaux de porc qui ont mijotés des heures avec des haricots.

Mais, la bonne hôtesse a peur de ne pas satisfaire le passant. Elle pique une longue fourchette dans un immense pot de grès; une poitrine d'oie en sort, toute givrée de graisse. Quelques minutes après, le confit est servi, avec des pommes de terre rissolées et ornées d'une poussière d'ail et de persil.

Une salade, un fromage pour finir la bonne bouteille de vin rouge... Tel est le régal qui vous prépare à déguster la topette d'Armagnac.

La bonne hôtesse s'excuse de demander quelques francs à votre bourse. Elle se souvient, encore, du temps béni, où l'on mangeait deux fois plus pour cinquante sous.

Toutes les auberges de France sont des temples de Gasterea.

⁂

Mais il est aussi des temples somptueux où le regard ne quitte les merveilles accumulées sous leur toit, que pour se reposer sur la mer qui se trouve là, comme si on l'y avait amenée pour le caprice des hôtes d'une heure.

L'immense maison parait rustique avec ses poutres de bois noircies comme par le temps. Par les grandes baies ouvertes, on voit des taillis de verdure, découpés en forme de gros cubes, qui ont l'air d'immenses caisses attendant des fleurs. Par terre, de vastes taches de géraniums rouges font paraître la mer plus verte.

Autour des tables couvertes de fleurs et de cristaux, c'est une admirable harmonie d'êtres se ressemblant tous : des femmes à la même silhouette, des hommes aux mêmes costumes. Sur tous les cous nus..... des perles; sur tous les doigts,.... des diamants; sur toutes les tempes de femmes..... des cheveux collés en longues mèches, faisant paraître plus nues les nuques épilées comme des joues d'éphèbes.

De gras maîtres d'hôtel font circuler des plats qu'enviraient les Romains les plus décadents. On mange, on boit. Une musique bizarre se fait entendre.

Bien peu de convives savent qu'ils sont dans le temple de Gasterea. Ils ne connaissent ni la Muse, ni Brillat-Savarin. Ils ne faut pas leur en vouloir ; presque tous sont des Étrangers ayant traversé les mers, pour venir des Indes ou des Amériques.

⁂

La nuit, les temples de Gasterea resplendissent de lumière. On s'y presse ; puis on les quitte. Puis on y revient encore pour parler des ombres qu'on a vu s'agiter sur l'écran, ou de l'acteur qui nous a fait, pendant deux heures, vivre la vie des autres.

Puis, tout s'éteint. Le dernier orchestre a jeté sa dernière note criarde. Le dernier danseur caucasien, enveloppé dans sa houpelande, disparaît, suivi de la dernière catin à moitié démaquillée.

⁂

Si vous voulez voir, encore, Gasterea, allez vers les faubourgs. Vous verrez, dans la nuit, de longues files de charrettes traînées par des chevaux aux pas lents. Elles sont chargées de pyramides multicolores; tout ce que la terre produit de bon, roule vers les Halles.

Des moutons, en troupeau, harcelés par les chiens, courent en se bousculant, le long des champs sans herbe des fortifications. Ils vont, sous la lumière avare des reverbères, vers les sacrificateurs ensanglantés qui, comme des prêtres antiques, portent à leur ceinture leur ratelier de couteaux acérés.

⁂

Et tout cela est destiné, pour demain, au repas de la Ville.

Lorsque Gasterea, transie de froid, cherche à se ranimer, elle se trouve encore chez elle, en entrant dans le sous-sol du boulanger. Là, des compagnons demi-nus, ressemblant aux Egyptiens peints sur les sarcophages, arrachent, en gémissant, la pâte du pétrin, tandis que, caché dans un coin du fournil, chante le grillon.

Edouard DE POMIANE.

*Extrait d'un " Gastrologue " à venir...*

# LA MÉFIANCE

En gastronomie, la méfiance est une qualité.

Le gourmet doit se méfier du « truc » qui remplace le beurre comme le fumeur du tabac à l'eucalyptus qui tient lieu de scaferlati.

Exemple : c'est le soir, l'heure du perdreau ou du râble de lièvre a sonné, vous avez faim. Vous rencontrez un ami d'enfance qui vous dit :

— Quelle joie de te revoir, viens donc dîner à la maison, mon vieux, « sans façons. »

« Sans façons » c'est une perfidie. Prétextez un rendez-vous, un mal de tête subit et excusez-vous. Mais si il ajoute :

— « Tu sais, à la fortune du pot. »

Vous gastronome, vous n'avez plus le droit d'hésiter : sauvez-vous, c'est le mieux que vous puissiez faire. Cette richesse du pot est toujours problématique et contre mauvaise fortune ventre affamé ne saurait faire bon cœur.

Le fameux : « quand il y en a pour deux il y en a pour trois » est, à proprement parler, un véritable abus de confiance.

Un « âgériste » ne s'y laissera pas prendre qui sait fort bien qu'on ne se met pas à plusieurs pour avoir raison d'une bouteille de Chambertin ou d'un poulet à la crème. Question de principes, ni plus, ni moins.

Il faut rompre aussi avec tous les « bobards » et parce que dans l'escalier vous avez reniflé le fumet d'un émincé n'allez pas en conclure que les concierges sont nécessairement d'excellents cordons bleus. Nous n'en sommes plus au temps de Balzac ou, à raison de quatre francs par jour, la bonne madame Cibot, confectionnait pour le Cousin Pons des sauces savantes et parfumées.

Aussi bien avec les exigences de la vie, la bonne cuisine du curé de campagne est elle devenu un mythe et l' « hostellerie » rustique un coupe-gorge.

Enfin le gastronome digne de ce nom évitera soigneusement le banquet républicain, démocratique et social ou ses convictions seraient capables de l'attirer.

Qu'il soit bien convaincu que, malgré la présence du ministre ou du sénateur, le « délice de barbue » et « le cœur de filet » sont prétextes à d'innommables ratatouilles. A tout prix il les lui faut éviter. Question de dignité.

Il existe ainsi toute une série de recommandations qui trouveront leur place dans l'indispensable *Gastrologue*, ou Loi de la Table, que notre grand prêtre Austin de Croze du haut de l' A. G. R. — tel Moïse sur le Mont Sinaï — ne manquera pas de révéler, quelque jour, à ses fidèles.

Simon Arbellot

# LA SIMPLICITÉ EN CUISINE

*Au Père du Neuvième Art*

Vous avez bien voulu me demander d'apporter ma modeste collaboration à la composition du Livret d'Or de la Section Gastronomique du Salon d'Automne de 1924. C'est me faire trop d'honneur et je crains que ma modeste prose fasse tache au milieu des écrits des compétences autorisées que vous avez sû réunir en cette occasion.

Laissant à d'autres le soin de chanter toute la poésie, la gastronomie et la cuisine des provinces de notre belle France, je dirai seulement quelques mots aux Cuisiniers, Hôteliers, et Restaurateurs de toutes ces régions ; j'ai le sentiment, ce faisant que je serai à ma place en qualité d'ancien Chef cuisinier et pâtissier, et que je leur serai utile autant qu'aux touristes de tous les pays du monde.

Avant de leur adresser ma supplique et les quelques conseils que j'ai l'intention de leur donner, permettez-moi, cher Monsieur de Croze, de vous dire quelle admiration j'ai pour votre inlassable effort, pour votre indomptable énergie mise toute entière au service de la Cuisine et de la Gastronomie Françaises ; permettez-moi également de vous en remercier vivement au nom de tous mes anciens collègues et au mien ; vous avez sû renverser des barrières qui semblaient inébranlables, le plus dur est fait, vous saurez certainement poursuivre votre idéal de rénovation, nous vous y aiderons de toutes les forces en notre pouvoir, encore nue fois Merci ?

Aux Cuisiniers et Hôteliers de France (simple histoire).

Au cours de la croisade entreprise pour galvaniser les énergies en faveur de la renaissance de notre belle cuisine régionale, nous faisons escale dans une très vieille et très pittoresque petite ville du Loiret arrosée par la Loire et pénétrons dans une hôtellerie de modeste apparence.

— « Nous n'avons pas de spécialités dans notre région, nous ne pouvons donc, sous couvert de gastronomie, y attirer les touristes français et étrangers comme vous nous y invitez. » — Telle est la réponse qu'on nous fît cette fois et comme souvent dans nombre de localités.

Sans insister, nous nous mettons à table, très contrariés, décidés néanmoins à nous réconforter avant de pousser plus loin. La maison est fort modeste d'apparence, les tenanciers sont aimables et accueillants, la salle à manger est claire et ensoleillée, la table correctement dressée, la vaisselle et la verrerie sont simples mais d'une méticuleuse propreté, le linge, d'un blanc éblouissant fleure bon la lavande ; un modeste vase placé au milieu de la table contient quelques fleurs fraichement coupées, glaïeuls, roses et œillets ; l'œil se réjouit à contempler cette rustique mise en scène, nous sommes déjà moins tristes.

Mais voici les hors-d'œuvre représentés par un assortiment de charcuterie locale de très appétissante mine et d'une sympathique odeur qui chatouille agréablement nos narines, l'eau nous vient à la bouche et nous nous sentons de taille à attaquer vigoureusement cette forteresse qui, du reste, ne se défend pas. Je ne vous décrirai pas toutes nos sensations, ce serait cruel, sachez seulement que la hure aux pistaches était succulente, exclusivement composée de langues de porc, de bonne gelée (d'où la gélatine est bannie) et de pistaches n'ayant rien de commun avec l'amande verdie; quant au saucisson, il avait mine honnête et sa mosaïque, véritable symphonie en rose et blanc, ne laissait aucune place à la maudite fecule qu'on y rencontre trop souvent; le jambon rose, tendre et juteux fût parfait; le pain de beurre qui escortait ce plat n'avait aucun relent de rance qui inquiète si souvent nos palais et nous ne doutâmes ni de sa fraîcheur, ni de sa qualité ; on ne songeait pas... mais pas du tout à la maudite margarine, c'est tout dire ! Et puis, voici qu'on nous apporte la boisson, des bouteilles claires, fraîches et toutes embuées, elles n'attendent pas les convives depuis une heure, le vin est clair, et sa teinte ambrée ou vermeille est vraiment réjouissante. Nous goûtons ce vin, ce n'est pas un crû de grande classe, c'est un vin du pays, honnête et sans prétention, un de ces petits ginglets « qui se laisse boire » et qui coule, coule... un vrai régal... servi frais.

Eh mais, voilà qui promet ! le plat se vide, on change les assiettes, je constate que celles qu'on nous donne sont chaudes (agréable surprise) et, voici la suite : notre hôtesse s'excuse, — elle ne savait pas; si nous avions prévenu... on aurait pu... nous la tranquillisons. Elle nous présente un beau brochet, pêché la veille dans le fleuve, court-bouillonné à souhait et accompagné d'une sauce chaude aux fines herbes, nous dégustons avec recueillement et admiration ce mets simple, et sans un mot, nos regards échangés traduisent notre admiration et notre enthousiasme ; bientôt, seules, quelques arêtes dans nos assiettes témoignent qu'il y fût du brochet, avec hésitation l'admirable hôtesse nous représente le plat et nous ne pouvons résister à l'envie d'y faire honneur à nouveau. Ensuite assiettes et *fourchettes* changées, sans qu'on l'en eût priée, notre hôtesse nous sert un délicieux civet de lièvre dont le souvenir me met l'eau à la bouche en écrivant ces lignes ; je ne sais ce qui était le meilleur dans ce plat ou du lièvre bien à point, de la sauce bien liée, des cèpes cueillis la veille, dans les bois, qui remplaçaient les champignons introuvables dans la localité, ou encore des lardons tellement fondants qu'ils avaient la délicatesse de la moelle. Le vin du pays arrosait toujours ce défilé si intéressant, Puis, ce fût un fromage passé (un enfant du pays aussi celui-là), gras à souhait, à la saveur un peu piquante ; après nous être consultés nous demandons la carte des vins, carte simple où voisinent quelques Bordeaux, Bourgognes, Anjous, Touraines et Champagnes, mais nous fixons notre choix sur un des plus modestes, un vin du pays, vieux au plus de quelques ans, mais de la bonne année ; nous en fûmes récompensés car ce vin était parfait, très original, ayant un fin bouquet et peu de degré, mais limpide et velouté comme il convient. Une grappe de raisin, une poire, puis le café bien chaud, bien clair, et agréablement parfumé ; comme eau-de-vie un vieux marc, toujours du pays, et délicieux en diable ; l'appétit satisfait, nous allumâmes nos cigarettes et nos langues se délièrent ; nous fîmes même connaissance avec nos voisins de table ; renseignements pris, ce repas n'est pas exceptionnel, c'est toujours ainsi qu'on mange en cette auberge. Comme nous annonçions notre obligation de départ, on nous dit : C'est dommage ! demain on sert le rognon de veau rôti dans sa graisse et accomodé aux cèpes ; le soir un foie de veau maître d'hôtel qui, paraît-il, est toujours parfait et vraiment fondant, puis d'autres et d'autres encore, tellement que nous devons faire effort pour pousser plus avant notre randonnée, mais nous nous promettons bien de revenir comme nos avisés voisins de table, Parisiens au repos, qui, depuis plusieurs années, ont fait élection de domicile pour la période des vacances, dans cette bonne auberge. Nous ne voulons pas quitter nos hôtes sans les féliciter. Le mari fait la cuisine : à lui donc nos premiers compliments, la femme, secondée d'une servante bien stylée, fait un service correct, nous rendons hommage à leur virtuosité et leur déclarons ce qui est vrai du reste, que ce repas fait époque parmi ceux que nous avons pris au cours de nos recherches de bonnes maisons, qu'il éclipse même beaucoup d'autres repas pris dans des maisons beaucoup plus importantes et ayant surtout de bien plus grandes prétentions. Nous les engageons tous à persévérer dans cette voie et les quittons à regret.

Cuisiniers, Restaurateurs et Hôteliers de nos belles provinces méditez bien cette histoire vécue, ne cherchez pas à faire chez vous de la grande cuisine (qu'on trouve plus ou moins bien faite, dans tous les Palaces du monde); apprenez au contraire à utiliser, au mieux et uniquement les ressources du pays. Conservez les vieilles recettes que pratiquent les ménagères, recherchez celles qui auraient pu disparaître et remettez les en honneur. Composez votre cave avec les vins du pays dont vous ferez provision uniquement dans les bonnes années. Dites vous que telle omelette ou tels œufs brouillés accomodés avec des champignons du pays valent une entrée somptueuse, souvent coûteuse, et toujours de préparation compliquée qu'on trouve sur toutes les cartes des grands restaurants parisiens. Les touristes en déplacement sont à la recherche de sites nouveaux, de sensations nouvelles, vous vous devez, pour les satisfaire, de leur faire connaître tous les produits du pays, préparés à la mode du pays et rien d'autre; ce faisant, vous aurez recréé ou perpétué la cuisine régionale pour la résurrection de laquelle nous avons entrepris une croisade. Vous vous attirerez ainsi une clientèle aujourd'hui défaillante parce qu'arrivée à penser qu'elle ne doit soumettre son estomac trop longtemps à la cuisine d'hôtel, car cette cuisine trop compliquée le fatigue. Nos grand'mères n'avaient, pour leur cuisine, ni sauce espagnole, ni allemande, ni veloutés, gras et maigre, ni demi glace, ni braisière et jus de rôti qui graillonnent sur le feu d'un bout de l'année à l'autre et pourtant elles faisaient de délicieuse cuisine.

Ecoutez-nous, faites comme elles, une cuisine simple et saine, quand vous y serez décidés nous le ferons savoir au pays, et vous verrez revenir en foule les touristes qui s'éloignent actuellement de vos maisons.

Ayez des salles à manger claires et saines, des vins honnêtes, des chambres claires et aérées, meublées simplement et confortablement et dès que vos clients ne regretteront plus leur « chez soi », vous les verrez revenir souvent, surtout si vous êtes accueillants. Ce faisant, vous aurez bien travaillé pour vous d'abord, pour le bon renom de la cuisine française ensuite et, pour notre « plus belle France ».

G. Dumont.

# DEUX MOTS SEULEMENT...

Si la cuisine française connaît depuis quatre ou cinq ans un magnifique renom de gloire, c'est après les cuisiniers, bien entendu — aux écrivains que ce beau résultat est dû. Les traiteurs, prenant exemple sur le regretté Brébant, surnommé « le restaurateur des Lettres », s'en montrait d'ailleurs reconnaissants. Et des liens d'affectueuse camaraderie s'établissent entre ceux qui réalisent l'œuvre d'art et ceux qui la célèbrent congrument. Les hommes de lettres modernes sont des gastronomes avertis. Et mêmes les auteurs dramatiques qui, selon l'observation si juste de Victorien Sardon, souffrent pourtant, presque tous, de l'estomac.

Henri Duvernois.

# AUBERGES

Le Progrès ne serait-il qu'un retour vers le Passé? En attendant la solution de cet angoissant problème qu'il nous soit permis de procéder à quelques constations.

Nos grands-pères, depuis la plus haute antiquité jusqu'à nos jours, avait le culte du bien boire et du bien manger : Noé ne buvait pas mal et Jésus aux noces de Cana, fit des prodiges que le plus madré de nos marchands de vins se déclare incapable de reproduire.

Villon savait boire et manger, pas de la même manière sans doute que Lucullus, mais tout de même ses *franches repues* n'étaient pas sans mérite.

Le Sancho Pança de Cervantès se plaisait aux Noces de Gamache; le moine Gorenflot était un astucieux cuisinier; le roi Louis XIV prenait orgueil de son appétit formidable.

Les noces normandes sont célèbres, comme celles de Bourgogne ou de Bordeaux, ou de Dordogne, ou de Champagne, ou d'Alsace, ou d'ailleurs : partout on sait se tenir à table.

Pardon, on savait!

∴

Depuis un certain nombre d'années, nous avons vécu des temps troublés. Pendant plus d'un siècle, nous avons vécu de catastrophes : guerres, crises, angoisses, famines.

Et nous avons absorbé de la cuisine industrielle, arrosée de vins frelatés. Nous avons failli en mourir, mais nous allons nous rattrapper.

Nous étions devenus des forçats du tourisme et nous étions transformés en condamnés au Châteaubriand à perpétuité.

∴

Nos estomacs réclamaient de bons plats et de bonnes bouteilles. Le Club des Cent s'agitait et des centaines de clubs exigeaient leur droit au bien boire et au bien manger.

Il fallait une fée pour exaucer tant de vœux.

La bonne fée nous est venue sous la forme de l'automobile.

Gloire aux rois de la route, du châssis, du caoutchouc, de la magnéto, de la bougie, de l'essence, des carburateurs, des freins, des pare-brise, des boulons, des démarreurs, des huiles, gloire à tous ceux qui par le progrès vont nous ramener vers un Passé savoureux.

L'auberge était morte, mais l'automobile vint...

Nous allons les voir revivre, nos bonnes auberges, et nous allons retrouver chez elles les bons vins locaux et les plats régionaux riches en produits de nos provinces.

Certes, ce ne sera plus l'auberge au sens ancien du mot.

Nous n'appellerons pas le maître de céans du vocable feuilletonesque de : Tavernier du Diable! Nous ne mangerons pas sur la table épaisse de chêne mal ciré. Nous ne boirons pas dans les pots d'étain, et la servante, pour être aimable ne sera ni mafflue ni maritorne.

Non, la route, l'auto, et peut-être aussi notre désir de bien-être ont changé tout cela.

Les auberges ressuscitées seront claires et gaies et pourvues de linge fin, parfumé au goût des fleurs de la province; les assiettes seront décorées comme jadis, mais les verres seront de fin cristal, et l'argenterie jettera ses tons clairs sur le damas de la nappe.

Les servantes arboreront le joyeux costume du pays, accompagné du tablier blanc orné de franges, de dentelles ou de broderies. Elles seront la grâce et le charme de la table, dans le milieu des meubles du pays, et si nous ne leur pinçons pas le menton en quittant l'aimable logis, ce n'est pas l'envie qui nous en manquera.

∴

Grâce au Progrès, nous allons revivre les temps joyeux d'autrefois. L'auberge va revenir, l'auberge est née.

Elle se construit partout. L'eau est fraîche, les chambres sont nettes, les plats sont cuisinés, les vins sont soignés. L'hôte est aimable, l'hôtesse veille à la cuisine, un sourire vous accueille.

Que les dieux veuillent bénir cette invention nouvelle, renouvelée de l'ancien, et accorder bonne et longue vie aux champions d'une renaissance attendue : celle du grand art culinaire français, qui devra toute sa gloire à la jeune et déjà puissante association des gastronomes régionalistes.

Gustave Salé
Directeur de la France Thermale, Climatique, Balnéaire et Touristique.

# DISSERTATION, DÉFFENCE ET ILLUSTRATION DE LA VRAYE CUYSINE FRANÇOYSE

par Messire Henricus CAZELIUS, parisien, Chevallier-ès-loyx, Maistre-ès-arts, Maistre-ès-loyx et politicque

DEPUIS qu'il y a des hommes, et qui mangent, on a trop peu fait pour donner à la cuisine la place qui lui revient parmi les arts. Tous les sens ont été jugés dignes d'être cultivés depuis les plus hautes origines; le toucher lui-même a connu la gloire avec le *tactilisme* de Marinetti, mais personne n'a voulu donner au goût la place qui lui revient de droit.

Personne, à l'exception de quelques puissants génies, tels que Lucullus, Vatel, Pétrone, Apicius, Monselet, dont quelques-uns ont écrit sur la Gastronomie — depuis Athénée et ses *Symposiaques* (ou les *Deipnosophistes*), jusqu'à Colnet et *l'Art de dîner en ville*, ou Berchoux et la *Gastronomie*, ou Grimod de la Reynière, jusqu'au Maître enfin, Brillat-Savarin et sa *Physiologie du goût*. Car cette recherche passionnée d'une cuisine idéale a tourmenté les peuples autant que celle du Beau ou de l'Infini. Mais son développement a été considérablement entravé, surtout par les faux moralistes ou les ignorants comme Béranger, qui affectaient de confondre Gastronomie avec gourmandise. Quelle hérésie! Brillat-Savarin n'a-t-il pas écrit : « Ceux qui s'indigèrent ou qui s'enivrent ne savent ni boire ni manger » ?

Et c'est bien vrai. Jusqu'à présent, l'homme s'est nourri comme une bête — il n'a pas mangé. Quel abyme entre ces deux mots! On songe à Ovide :

« *Pronaque cuum spectent animalia cætera terram,*
« *Os homini sublime dedit, cælumque tueri*
« *Jussit, et erectos ad sidera tollere vultus.* »

(Que l'on n'oublie pas que *os* signifiait aussi bouche, bien que le triste exilé ait été loin d'y songer.) L'informe bégaiement originaire, les onomatopées grossières servant à indiquer les actes matériels ou les sensations brutes sont devenus peu à peu la pensée : la *République*, la *Divine Comédie*, le *Monde comme volonté et représentation*, *Faust*, *Hamlet*. La flûte de Pan est la mère de la *Symphonie héroïque*, de *Pelléas et Mélisande*, de la *Tragédie de Salomé*. Les *Graffitti* des Eyzies ont conduit aux *Noces de Cana*, à la *Sixtine*, les dolmens au *Parthénon*, au *Palais des Doges*. Et la cuisine ? Evidemment on ne mange plus de la viande crue. Mais encor? Est-ce là vraiment un progrès suffisant? Rien n'est atteint tant qu'il reste quelque chose à atteindre.

Le vin seul a échappé à cette prohibition : Horace, Omar Khayyam, Maître Adam Billaut, Hafiz, Désaugiers, et tant d'autres ont pu le chanter sur tous les tons, sans être honnis.

Mais le vin ne constitue pas la Cuisine, pas plus qu'un chapitre ne constitue un livre, un bras un corps ou un accord de quarte et sixte une symphonie. Et il est temps maintenant de commencer en grand l'œuvre si belle qu'est la constitution d'un art.

Reconnaissons que la tâche est bien facilitée à présent. Tout d'abord, nous avons la chance d'être en France, le seul pays qui possède déjà les rudiments d'une cuisine. C'est un poncif que de proclamer encor une fois la supériorité de la cuisine française, établie depuis longtemps dans le monde entier. Pays de la bonne chère, comme on l'a dit, de la bonne table, des mets délicats, des vins généreux; et aussi de la cuisine simple, faite de produits honnêtes et amoureusement mijotés, des vieilles recettes et des vins de terroirs modestes, mais de si gaillards loyauté. Seul pays qui puisse vanter une tradition culinaire antique, que défendent aujourd'hui d'ardents champions et qui a eu ses héros et ses martyrs.

Mais ceci encor est trop peu. Les rudiments ne constituent pas un art. Aux temps les plus reculés, la poésie n'existait que pour scander et rhythmer les textes de lois ou les prières religieuses. La cuisine, hélas! n'est guère plus avancée aujourd'hui.

Un abyme de recherches s'offre à nous. Et déjà nous pouvons noter de curieuses analogies avec la musique : il y a une mélodie des saveurs (succession des saveurs dans le temps), comme une harmonie des saveurs (simultanéité des saveurs), comme un rhythme et un enchaînement des saveurs (car une saveur prend un relief et une personnalité toutes différentes suivant la durée ou la place qu'elle occupe entre deux autres saveurs). On se rend aisément compte qu'une saveur simple, telle que le sucré, par exemple, prend une toute autre valeur si elle est isolée — précédée ou suivie d'une saveur salée, ou précédée d'une saveur salée et suivie d'une saveur acide ou l'inverse, — accompagnée de telle ou telle saveur — dure plus ou moins longtemps. La framboise n'est-elle pas le ton mineur de la fraise? Et la grosse groseille ne ressemble-t-elle pas à s'y méprendre à une quinte augmentée? Sur ces données si claires, on peut développer les applications musicales : constitution d'une gamme des saveurs (qui pourra bien entendu comprendre plus ou moins de douze parties, comme la gamme tempérée, ou de sept, comme le spectre solaire), constitution des accords, et leur emploi. Tonalités majeures (fraise par exemple) et mineures (framboise), accidents, altérations, retards, notes ou accords tenus sous une même saveur consaveurs naturelles et artificielles, dissaveurs, altérations de saveur, et ainsi de suite, à l'infini.

Avec ces données, avec d'autres peut-être, car il se peut qu'une minutieuse étude les montre inexactes ou insuffisantes; disons : avec des données solides, on pourra bâtir une science rigoureuse de la cuisine; et le talent ou le génie jouant d'elle et y mettant de l'âme en fera un art. Car il faut bien se dire qu'actuellement on peut appliquer à la cuisine les si fortes paroles de Funck-Brentano et Sorel sur la politique : au lieu d'être une science, elle n'est qu'un grossier empirisme, même chez nous, dans ce pays qui, à nos yeux encore inexperts, paraît-être le Paradis de la Gastronomie. On a crée des mets délicieux, mais par hasard, par divine intuition, sans vraie méthode. Ainsi le jeune Schubert ignorant encor l'harmonie et le contrepoint écrivait en un soir de fièvre le *Roi des Aulnes*. Or, seule une méthode rigoureusement scientifique permettra de créer des mets plus délicieux encore. Il faut bien se rendre compte que les vers célèbres de Berchoux : « Un dîner sans façons est une perfidie », « Rien ne doit déranger l'honnête homme qui dîne », par exemple, pas plus que les innombrables traités *de Re Culinaria, Viandiers, Epularii, Fleurs de cuysine, Kochbücher* dont le monde est infesté depuis des siècles, n'appartiennent à la Gastrologie. Ce n'est que de l'aimable Gastrographie d'amateur. Des préceptes, des recettes (horreur! des recettes), des conseils — ni règles, ni lois. Or, ce qu'il nous faut avant tout, c'est une *Norme*, découlant logiquement d'un point de départ un et indestructible — *postulatum* d'Euclide, accord parfait, vibrations papillaires, que sais-je? Ce qu'il nous faut avant tout, c'est notre *Syntagma culinarium.*

Or, et hélas! l'état de la science ne le permet pas encore. Ne comptons pas sur la physiologie qui *n'expliquera* pas plus le goût que l'ouïe ou l'odorat, puisqu'elle ne fait que *constater.* La physique ignore le goût. Ne comptons que sur nous-mêmes, et sur notre ardeur désintéressée. A défaut de l'*Essence* du goût, du goût en soi dirait Kant, il faut en trouver le *substratum.* Cela, nous l'atteindrons, avec de la méthode et du travail. L'ère moderne n'aspire qu'à se débarrasser de l'héritage du passé. Elle ne le peut, car elle n'a encore rien créé. Elle n'a fait que modifier, que perfectionner peut-être, que transformer souvent. Mais ici, terrain neuf, vierge forêt. Explorons et abattons. Faisons jour, et trions à l'aide de la clarté conquise. Premières fondations creusées dans le sous-sol. Puis après, murs construits des troncs d'arbres arrachés, puis charpente et toiture. Ce sera le premier pas. Le second sera fait par les architectes, par les artistes, auxquels les hommes de science et les techniciens céderont le pas. Il ne faut que du courage, car le but n'est pas si lointain qu'il le paraît, ni si difficile. Le terrain est déjà fortement préparé en France, et vibrent autour de nous nombre d'âmes culinaires fécondes dans lesquelles la semence facilement germera. La cuisine est déjà assez développée ici pour nous permettre à bref délai de la perfectionner dans le sens désiré, et, sous peu, elle deviendra la science profonde et l'art exquis qu'elle doit être, science de la préparation, art de la présentation et de la dégustation.

Profondément ému en considérant le pénible état où notre ingratitude envers la Nature avait conduit la Cuisine, un penseur solitaire a assumé la rude tâche, et si noble, de la sauver d'abord, de la recréer ensuite. Il a réuni autour de lui un manipule actif et dévoué, l'Association des Gastronomes Régionalistes, bataillon sacré d'Epulona, déesse des banquets que nous instituons nous-mêmes, afin de mieux l'adorer. Et ses premiers efforts ont remporté un entier succès, tellement était grand le besoin secret auquel ils répondaient,

L'A. G. R. compte maintenant plus de 500 membres; c'est dire son rapide triomphe. Bientôt, tous ceux doués d'une exquise sensibilité culinaire, tous ceux dont le cœur bat plus vite à l'ineffable bonté de la cuisine plus belle, tous ceux qui vibrent à la sublime volupté gustative, feront partie de la glorieuse phalange. Et, le cœur battant de la fière joie de leur mission sainte, ces hommes résolus s'appliquent à la besogne ardue. Déjà nous voyons germer les premiers fruits de leur fécond labeur. Partout, des essaims de chercheurs et de penseurs, théoriciens et praticiens. Rien n'est négligé — et notamment le folk-lore culinaire occupe une place d'honneur au cœur de ces recherches, ce folk-lore populaire et régional aussi riche en France que le folk-lore littéraire et musical de l'Orient doré.

Et nous voici le cœur anxieux, attendant l'aurore éternelle des impérissables découvertes...

*Gloire au glorieux pionnier de la vraye cuysine françoyse, Gloire à ses hardis disciples, sans peur et sans reproche, Et gloire à toi, o Muse inconnue, Epulona, déesse des saveurs raffinées et des goûts immortels!*

Henry-R. Chazel.

M. G. Dumont, réd. en chef de *Culina.*

NOTRE-DAME
A
LA POULARDE

BOIS GRAVÉ
DE MARCEL BERNARD

# LE RÉGIONALISME CULINAIRE DE PARIS

PARIS est la ville la plus gourmande du Monde. Elle est gourmande avec raffinement, — avec mesure et esprit.

Si Paris est le seul endroit du Monde où se puissent goûter le mieux les cuisines du monde entier, si Paris nous offre le plus instructif et délectable tour de notre cuisine provinciale, Paris ne se peut égaler nulle part, et c'est à Paris qu'il convient de se livrer aux joies de la gastronomie parisienne.

C'est seulement à Paris que la cuisine, les recettes et les produits culinaires de Paris et de l'Ile-de-France se revêtent d'un air de coquetterie, de logique et de gaieté, impossible à atteindre loin de son ciel léger et de son âme amoureuse, loin de ses rues mouvantes et bruyantes, loin encore de ses coins tranquilles où s'exhale sans hâte son souffle de vieux Paris, — ce souffle fait de grâce éternellement captivante et d'émouvantes évocations des jadis évanouis...

Les entendez vous ces célèbres *Cris de Paris* qui nous en disent tant sur le souci du ventre que prenaient les parisiens d'autrefois, d'un autrefois qui date de trois ou quatre siècles. Les entendez vous?

*Vous faut-il point de saulce verte?*
*C'est pour manger carpe et limande.*
*Çà! qui en veut en demande*
*Tandis que mon pot est ouvert!*

Pour simple qu'elle fut, la *saulce verte* jouissait au moyen-âge d'une vogue sans seconde. C'était du pain bouilli dans du vin aigre, au renfort de quoi venaient un certain nombre d'épices; quant à la carpe, elle faisait partie de tous les bons soupers, car, dit Bonnefons, « les carpes de Seine sont meilleures que de toutes autres rivières ». Et la *Carpe à la saulce verte* fit, un long temps, l'esbaudissement des bedaines de nobles ou riches parisiens.

Les parisiens d'alors tenaient aussi en haute estime les artichaux :

*Artichaux! artichaux!*
*C'est pour Monsieur et pour Madame,*
*Pour réchauffer le corps et l'âme,*
*Et pour avoir le cul chaud!*

S'il faut en croire Lémery, « l'artichaut convient particulièrement aux vieillards, aux phlegmatiques et mélancoliques »; Lavarenne le disait « amy de l'estomach, cordial et apéritif », on le considérait propre à ouvrir l'appétit d'amour le plus rebelle. C'est sur la foi de telles assertions que Catherine de Médicis, au festin de mariage de Mlle de Martigues, mangea un si grand nombre de fonds artichauts qu'elle « cuida crever », nous rapporte le précis et pittoresque chroniqueur de Lestoile.

Ecoutez les cris de Paris!... Ils lancent par la Ville, à travers les rues étroites, bordées de maisons à pignons, de boutiques à enseignes, et de bornes de pierre écorniflées, ils lancent leurs invites aux chalands.

Et voici le *Beurre de Vanvre* et les *Angelots de Brie;* voici les *Pesches de Corbeil* et les *Pains d'épices de Senlis;* voici les *Echaudez, gâteaux, pastez chauds,* grante renommée de icelle ville.

Ecoutez encore ce cri-çi :

*Grenouilles! Grenouilles! Grenouilles!*
*A d'autres qui ont la foire*
*Elles sont bonnes, voire, voire*
*Quelque chose qu'on barbouille.*

La grenouille! La *renoulle* comme la désigne *Le Menagier de Paris,* la renoulle fut pendant plusieurs siècles la passion des parisiens. On la faisait venir des étangs de Sénart et de Marly. On ne mangea d'abord que les cuisses, puis on mangea tout le corps excepté la tête; on les servait frites avec du persil. Disons ici que, si les anglais nommaient le parisien « frog's eater », c'était bien pour mépriser et blâmer le *mangeur de grenouilles.*

Mais .. l'art culinaire de Paris fut le seul à tout essayer pour mieux rejeter et mieux retenir, tout essayer pour la meilleure et profonde gloire de cette mirifique « science de gueule » dont parle Montaigne.

La hardiesse des essais mérite quelque aperçu court et suggestif. Au temps de Rabelais, parmi les mets préférés de ses contemporains ne trouve-t-on pas l'*anguille de bois,* qui est la couleuvre. Au dix-huitième siècle on s'en régale encore, puisque Lémery, médecin de l'Hôtel-Dieu en 1705, constate que « la chair des couleuvres est mangée entière; prise en bouillon ou en gelée elle purifie le sang. »

En août et en automne, parce qu'il est gras à cette époque de l'année, le *hérisson* constituait une insigne friandise. La *tétine de vache* faisait partie des entremets avec la *gelée de cornes de cerf;* au seizième siècle, les bois de cerfs coupés par tranches et frits, passaient pour un régal de roi, et, deux cents ans après, dans les commentaires d'un festin, offert par la Ville de Paris, on consigna que « si furent servis des cornes de cerf nouvellement nées, c'est parce que les dites sont reconnues pour un manger très délicat. »

On essaya des épices de toutes sortes, y compris les parfums; ce fut une fureur, écrit Alfred Franklin dans ses *Usages des Parisiens,* une fureur qui empoisonna la cour jusqu'au milieu du règne de Louis XIV, ne respecta même pas les ragoûts, les pâtisseries, les liqueurs. On y mêlait de l'iris, de l'eau de rose, de la marjolaine; le cuisiner devait avoir toujours sous la main le musc et l'ambre.

Alors, on faisait des pâtés et des tourtes au musc. On

arrosait les rissoles, les beignets, les œufs avec des eaux de senteur. Quand on faisait rôtir un maquereau on l'enveloppait de fenouil vert. On engraissait les chapons avec des dragées musquées. Enfin, on abusait de l'ambre qui passait pour aphrodisiaque.

Devant de telles errances du goût qui eussent pu mener à la perversion, il devenait nécessaire qu'une réaction se produisît. Elle n'y faillit point; elle vint sous forme de livres de cuisine sérieux en tous points.

Le premier de ces livres, important pour l'histoire de l'art culinaire parisien, fut le *Cuisinier François*, du sieur François-Pierre de Lavarenne, écuyer de cuisine du marquis d'Uxelles. Ce maître livre parut en 1651; il eut, jusqu'en 1726, plus de huit éditions en français et en italien. Il laissait loin derrière lui *La Fleur de toute cuisine*, de Pierre Pidoux, imprimée en 1540; loin derrière lui les « friandises et délicatesses de viande » chantées par Brantôme, les recettes médiocres de Taillevant et du *Ménagier*, la liste même donnée par Rabelais, au livre IV de Pantagruel!

Après Lavarenne, les maîtres livres de cuisine créent une véritable discipline culinaire. Et, peut-être, y a-t-il encore à puiser en ces vieux bouquins des inspirations dignes de nos palais délicats, de nos fines bouches et de nos ventres subtils. Relisez, feuilletez l'*Ecole parfaicte des officiers de bouche*, du sieur Pierre David, *L'Art de bien traiter*, de L.-J. Robert tout d'équilibre de propreté et de politesse gastronomiques, et l'*Instruction pour les festins!* et *Le Maistre d'hostel!*

Quels professeurs! quelle lignée qui, passant par les éclatants écrivains-gourmets que furent Brillat-Savarin, Grimod de la Reynière, Monselet et bien d'autres, s'en vient jusqu'à nos actuels *Vie et Passion de Dodin Bouffant*, *Guide du Gourmand à Paris*, *La France gastronomique*, *L'Ecole de Paris*. Ah! Marcel Rouff, Curnonsky, Robert Robert, Prosper Montagné, ô vous, maréchaux de culinarité parisienne, à quelles merveilles de gueule nous menez-vous aujourd'hui!

Aujourd'hui! Paris perfectionne encore, Paris met au point des plats d'une infinie saveur, impossible à décrire, Paris crée des mets quasi divins: et c'est la *Sauce béarnaise* inventée au « Pavillon Henri IV » à Saint-Germain; c'est le *Poulet braisé financière* créé par Casimir; c'est le *Canard à la presse*, la *Sauce Mornay*, le *Pudding à la diplomate*, le *Coq en pâte*, que sais-je encore? Les *Pieds de mouton poulette*, l'*Escalope de veau Pierre Varenne* et les *Œufs Jeanne Granier*...

Mais... Ah! je vous en supplie, venez faire un tour aux Halles — aux pavillons et au « carreau » des Halles — et dites moi si, à la vue des ressources de nos campagnes banlieusardes, nous ne respirons pas l'énivrante odeur des produits de qualité, si nous ne jubilons pas à les savoir destinés à nos tables de gourmets parisiens!

Passez à la pointe Saint-Eustache, au *Marché des hommes sauvages*, et humez la rustique senteur du laurier et du thym; plus loin, voici les tendres salades de la banlieue sud-est; voici les cerises charnues de la banlieue nord; voici les fraises parfumées et les petits pois, gouttes de rosée fraîches des vallées de Joyeuse et de Montlhéry; voici les champignons d'Arcueil, voici les pêches veloutées, les asperges majestueuses, les fins et purs choux-fleurs... Et tout cela, avec une théorie imposante et variée de fruits et de légumes, de poissons de rivière et de viandes choisies, tout cela est sorti de l'Ile-de-France, à deux pas; tout cela est de Paris, — de Paris emprès Pontoise, comme disait le parigot François Villon.

Ne négligeons point, voire, les petits vins de nos côteaux. Mangeons et buvons!... Une auréole de gloire couronne la cuisine de Paris. N'y aurait-il plus à chanter que *la frite*, eh bien elle serait — cette frite inimitable — elle serait suffisante à conserver notre renommée. Nulle part, je vous affie, on ne la sert si à point, blonde, dorée, à la fois molle et croustillante, à la fois nourrissante et légère, mystère certain et secret de terroir!

Plats de Paris, plats simples et bons garçons, combien les parisiens vous aiment! Combien de parisiens délaisseraient tous les exotismes et les provincialismes mêmes pour le *Bifteck aux pommes*, le *Chateaubriand aux pommes soufflées* et l'*Entrecôte Bercy!* Comme nous saluons nos *Goujons de Seine*, nos *Pâtés en croûte* et nos *Chaussons aux pommes*, au même temps que toute notre spirituelle pâtisserie!

Enfin, en manière d'épilogue nous dirons ceci: Paris est sans contredit la plus belle ville du monde; partant elle est aussi la plus enviée. Paris a des envieux tout uniment parce que Paris est une ville heureuse; mais, prenons-y garde, son bonheur lui vient de l'attention qu'elle a toujours donnée et de l'amour qu'elle a sans cesse nourri pour l'art du bien manger.

Charles FEGDAL.

Fusil d'honneur exécuté par l'orfèvre Rivir, décerné par la Section Gastronomique Régionaliste du Salon d'Automne 1924 aux Chefs et Cordons bleus ayant collaboré aux Journées Régionales de 1924.

# TOURISME GASTRONOMIQUE EN ALSACE

JE regrette de n'être pas Directeur des Chemins de fer d'Alsace. J'aurais plaisir à organiser, avec une combinaison de trains et d'autocars... et une incompétence d'ailleurs sans égale en matière de tourisme, sur route ou sur rails, des séries de voyages gastronomiques dans un pays — le mien — qui se prêterait admirablement à ces sortes de randonnées saisonnières à travers ses plaines giboyeuses, ses vignobles fameux, pittoresquement étendus au pied des Vosges couleur de prune, et ses archaïques bourgades ramassées dans leurs bastions comme des pâtés dans leur croûte. Quelles féériques expéditions! Quels horaires voluptueux! Avec quelle diligence (dans le sens de promptitude) je lancerais sur le réseau de ma province les trains bleus — comme les truites au court bouillon — les trains verts — comme la salade de concombres râpés — les trains roses — comme une botte de petits radis printaniers! On irait, en zig-zag, de spécialité en spécialité, selon les caprices de l'appétit conjugués avec les ressources d'une exploitation ferroviaire bien entendue. On prendrait son billet, sans autre formalité, pour le meilleur Kirsch des Vosges — je sais très bien dans quel joli coin de vallée il s'abrite — ou pour les Quiches-à-l'oignon, ce plateau doré et irisé d'où montent de si pénétrantes et vivifiantes odeur. La Direction des Chemins de fer se chargerait du reste. « Vous voulez, dirait-elle, voir, de vos yeux, pousser la choucroute sous la rosée d'un matin, goûter sur place un tokay des bonnes années, savourer, confortablement, une friture toute fraîche au bord même de la rivière qui l'a fournie, apprendre, pour tout dire, à connaître l'Alsace, chez elle, par ce qu'elle produit de plus délicieux?... En voiture, messieurs et mesdames, en voiture! » Et tout marcherait très bien, à la constante satisfaction et pour le profit quotidien des voyageurs, instruits en même temps que nourris. Même sur les routes à lacets et à virages en épingle-à-cheveux, on ne verserait jamais... sinon à boire, aux bons endroits. Ce serait un nouveau genre de voyage, ou, comme diraient nos amis les Anglais, une nouvelle forme de *trips*... à la mode de chez nous. Tout, serait circulaire — y compris, au retour, le ventre des touristes. Ah, vous parlez d'un train de plaisir!

Voilà, tout simplement, le domaine de Dame Tartine, ouvert — avec deux ou trois guichets de la gare de l'Est — à toutes les curiosités!

Mettons, par conséquent, que j'aie persuadé les chefs du réseau alsacien, que les coupons soient prêts, les cars aussi, et commençons, l'indicateur en poche, notre tournée de gastronomie alsacienne en franchissant les Basses Vosges, au Col de Saverne, et en nous installant, pour le déjeuner, à Saverne même. C'est là que nous ferons connaissance, sans attendre plus longtemps, pour notre entrée au pays de l'ami Fritz et pour notre entrée de service, avec le plat national des Alsaciens, qui est... la choucroute garnie, me soufflez-vous, sans hésiter!... jamais de la vie!... mais l'honnête et substantiel bœuf bouilli, préparé et présenté selon les lois du cru. C'est le pot-au-feu des familles qui fait le fond de sa nourriture, à ce digne Kobus, et on le sert chaque matin, à midi, sur la table recouverte d'une belle toile de Ribeauvillé ou de Mulhouse, rayée de rouge. Mais quel pot-au-feu! On l'a soigné : il mijote depuis l'aube, étoffé de ses légumes, corsé de son bouquet de thym et de laurier, coloré par des cosses de pois sèches, et il parfume toute la maison. Au moment voulu, le bouillon sera garni de croûtons et relevé de boulettes à la moelle, et le bouilli — voilà le principal — entouré d'une kyrielle de hors-d'œuvre savoureux et piquants à la langue. L'ami Fritz a saisi il y a belle lurette que le plat de côte, même bardé de graisse fondante exige, étant assez fade de nature, des marinades et des vinaigrettes, qui lui prêtent leur montant, et il entrerait dans une grande colère, si ce mets fondamental apparaissait sur sa nappe sans l'escorte habituelle des raviers de haricots ou de pommes en salade, de cresson, de tomates, de cornichons largement vinaigrés, de concombres à la moutarde, déjà cités, de petits radis, au printemps, et, en n'importe quelle saison, sans le raifort, cuit ou cru, dont il est si gourmand, A la bonne heure!

Je ne dis pas que ce pot-au-feu roboratif et intelligemment pimenté — dépourvu, cela va de soi, de toute fade carotte — soit une découverte culinaire des gourmets savernois, en possession de quelques recettes ecclésiastiques des feux cardinaux de Rohan. Nous le retrouvons dans toute l'Alsace, qu'il symbolise, à mon estime. Mais, précisément, en raison de son éminente dignité et de la place qu'il tient dans la province, il était bon de lui faire honneur dès notre arrivée. Lestés d'un tel plat, nous pouvons « voir venir » la soupe avec tranquillité, tout en admirant au fond du paysage, les ruines roses du Haut-Barr, car l'alimentation n'empêche pas le sentiment.

Du sentiment? Nous allons pouvoir nous en fourrer jusque-là! Nous sommes ici au vrai pays d'Erckmann-Chatrian, au cœur de leurs « patelins » de dilection. Que le Service des autocars s'arrange comme il voudra, mais qu'après nous avoir emmenés à Graufthal, au nord-ouest de Saverne, en pleine forêt, il nous fasse rencontrer, au retour, le long de la Zinzel du sud, au nom mélodieux, les ombres des Catherines, des Suzel, des Margredel, dont la grâce saine et le joyeux sourire ont enchanté notre jeunesse, quand nous lisions pour la première fois *L'Illustre Docteur Matheus!* L'organisateur responsable avertira au besoin les ombres retardataires que nous dînons, ou plutôt que nous soupons, comme on dit en Alsace, à l'auberge de l'Oberhof, établie sur la berge même de la petite rivière, dans une éclaircie de la hêtraie. J'ai choisi cette hôtellerie rustique, parce qu'on va nous y servir des truites exquises pêchées, du jour même, dans le torrent, et préparées au court bouillon, c'est-à-dire d'une manière céleste qui est la seule dont la truite de montagne soit digne, sinon friande, et dont on ne connaît le secret qu'en Alsace. Ailleurs, on se contente de servir la truite « à la meunière ». Comment cette platitude, cette criminelle platitude qu'est la truite à la meunière

— dont aucune belle meunière ne serait fière — pourrait-elle rivaliser avec ce rêve d'azur comestible qu'est la truite au bleu, c'est-à-dire la truite à l'alsacienne? Pour préparer la truite au bleu, il faut, à vrai dire, un cœur d'acier et un couteau, avec lequel on ouvre, d'un coup, le poisson vivant, qui s'agite désespérément entre vos doigts. et on le jette, sitôt vidé, dans le court-bouillon, qui bout sur l'âtre, en développant son subtil arome de thym et d'autres herbes odorantes. Là il s'habille à sa façon, en un tournemain, et, quand on l'en retire, au bout d'une fourchette, d'argenté qu'il était, avec, sur ses flancs, quelques gouttes de carmin, il est devenu d'un bleu splendide aussi velouté et aussi profond que l'indigo du manteau royal dans *Le Vœu de Louis XIII* de M. Ingres! (On ne s'attendait guère, avouez-le, à trouver Ingres en cette affaire!) Et quel tour de reins! Il se courbe dans l'assiette aux enluminures naïves, comme pour en épouser la forme parfaite, et, ma parole, il en paraît vivant! Quel morceau de roi, et qui, dans sa simplicité champêtre, réunit la finesse à la succulence! Vous le tremperez de beurre fondu, ou de vinaigrette, et, en outre, d'un peu de musique de Schubert et vous verrez si la truite ainsi traitée, n'a pas toute la saveur poétique d'un

*Conte bleu qu'en Alsace on chante.*

Mais dès le lendemain je vous vois courant les routes, au pied des Vosges, — toujours en *car*, bien entendu — pour traverser Saint-Jean-des-Choux (station gastronomique modèle!), Neuviller, Zinswiller, goûter, dans chaque village, d'un quetsch, d'un kirsch ou d'une mirabelle du terroir et aller, dans un charmant vallon proche de Niederbronn, croquer des assiettées d'écrevisses, arrosées de deux ou trois verres de vieux Wolxheim. Car l'Alsace, qui, en matière épulaire, reste conservatrice, a gardé jusqu'à ses écrevisses, du moins dans quelques rus de cette région septentrionale! Qui oserait prétendre, cette constatation faite, que ce n'est pas une province aimée des dieux? Comme on s'arrête de bon cœur sur les chemins, quand on est accroché par des buissons d'écrevisses! disait un interprète du théâtre d'Erckmann. La plaisanterie est d'un goût douteux... mais celui des écrevisses de Baerenthal, suffisamment poivrées, paraît incomparable.

Les eaux de Niederbronn n'ont rien, elles, qui puisse retenir un gourmet. Son miel est bien préférable. Mais tout ce qui se mange et se boit va s'enrichir, ici, d'un caractère en quelque sorte sacré, parce que nous traversons la coutrée voluptueuse où l'ami Fritz a vécu et s'est nourri — tout en aimant la petite Suzel avec la fraîcheur d'âme d'un adolescent plein de sensibilité. Une tournée gastronomique en Alsace sans un hommage à la mémoire de l'ami Fritz, dans la bourgade où s'est épanouie son âme d'épicurien, ami des violettes, ne serait qu'une vile incursion de mécréants!

Déjà, cependant, le *competent lecturer* qui nous guide, nous crie dans son porte-voix conquis, à Trafalgar, sur le commodore d'un brick à deux ponts (tiens, au fait, Deux-Ponts, c'est tout près d'ici!) : « Messieurs et dames, nous entrons dans la région de Haguenau, c'est-à-dire celle des houblonnières. C'est avec le houblon de ces houblonnières (on l'a deviné!) que se fabrique la fameuse bière alsacienne. Les personnes nerveuses, qui craindraient d'en être grisées, au passage, pour le restant de leur vie, sont priées de se boucher les narines. » Après un arrêt à Haguenau même, qui nous a permis d'esquisser une étude comparée des différentes bières du Bas-Rhin, toutes blondes, légères, crêmeuses, mousseuses, idéales en un mot, j'entends le *competent* trompettant, nous annoncer, avec un tremolo de circonstance : « Les premières cigognes!... » Il n'insiste pas, d'ailleurs, sachant que les cigognes ne figurent point parmi les animaux comestibles, même en Alsace, et il ajoute aussitôt : « On aperçoit à l'horizon, la gracieuse silhouette de la Terrine de foie gras de Strasbourg! » Ah ça, est-ce que c'est la Cathédrale, la légendaire Cathédrale de ma ville natale qu'il se permet de travestir avec cette irrévérence? Oh, après tout, puisque nous faisons une tournée culinaire!... Au même moment, du reste, le car pénètre à fond de train dans un épais troupeau d'oies qui se pavanaient lourdement sur la route : première forme du pâté de foie! Le *competent* (très compétent, décidément), chipe quelques éclopées, leur tord le cou et les fera rôtir à l'auberge la plus proche, pour notre souper en commun. Quel besoin, en effet, d'attendre la fin de l'année pour manger, en Alsace, une oie bien grasse, farcie et rôtie à point? Les effets de neige et le bonhomme Noël ne sont pas indispensables au décor!

L'auberge la plus voisine, c'est à Hoerdt la maraîchère réputée pour ses asperges. La capitale, annoncée par les poulets de la Wanzenau, est toute proche. Nous la contournons (patience! nous y reviendrons tout à l'heure), et puisque nous stoppons à Geispolsheim, au cœur de la plaine (qui ne fut jamais germanisée, contrairement à ce que disait la chanson), saluons, avec allégresse, d'abord les femmes du canton, qui portent le bonnet d'or aux ailes de soie pourpre, pour la joie de nos yeux, et ensuite ces interminables carrés de choux, ou, pour préciser, de choucroute, qu'elles cultivent avec zèle pour la satisfaction de notre appétit. Inutile de crier: « Garçon, une choucroute garnie! » il ne viendrait personne, mais si le Réseau qui s'est chargé de notre bonheur connaît son affaire, nous trouverons le plat tout fumant sur les tables, étoffé de saucisses au cumin, qui vont croquer sous nos dents, et, à côté, le légumier rempli de purée de pommes ou de pois jaunes — à moins qu'on ne nous transporte, d'un trait, chez les sœurs hôtelières et montagnardes du couvent de Sainte-Odile, dont la choucroute traditionnelle, aussi célèbre que leur chapelle de l'époque romane est quasiment en odeur de sainteté. En tout cas, aucun touriste ne croira plus désormais que les Alsaciens vivent dans des meules de choucroute rassemblées au râteau et communiquant par des guirlandes de cervelas : notre expédition aura servi tout au moins à ruiner cette fable puérile et séculaire!

Cependant, que de merveilles à contempler ou à engloutir, sur un itinéraire combiné par des ingénieurs-magiciens : les pains d'épices et les Kougelhopfs de Gertwiller, près de Molsheim; les pommes de terre et l'eau-de-vie de framboises du Ban-de-la-Roche; les ombres-chevaliers de Fouday (elles se font rares, mais il vaut la peine de passer, au besoin, quelques années dans le pays pour avoir la chance d'en goûter, ne fût-ce qu'une unique bouchée); la rutilante confiture d'églantine de n'importe quel coin des Vosges; le pâté de truites de Sainte-Marie-aux-Mines; le Münster, dont la réputation s'étend aussi loin que l'odeur, ce qui n'est pas peu dire (les voyageurs qui préfèrent ne pas pousser jusqu'à ce fromage agressif seront repêchés au retour), etc., etc. — sans parler des vins, qui font la gloire de tout le côteau, de Barr jusqu'à Thann, en passant par Obernai, Riquewihr, Zellenberg, Saint-Hippolyte, Ribeauvillé, Turckheim, Rouffach, Guebwiller, etc., et qui, à eux seuls, vaudraient tout le voyage avec supplément et prolongation! S'il nous reste des forces pour remonter, du fond des caves, dans un wagon ou une auto, on nous emmènera droit sur Mulhouse, qui aligne déjà en notre honneur ses quiches aux oignons verts les plus

dorées et ses tartes aux pommes et à la crème les plus juteuses, de là nous gagnerons lestement les bords du Rhin, à Chalempé, où nous attend une matelote de brochets, de carpes, de perches et d'anguilles d'un tel ragoût que Grimod de la Reynière, Cambacérès, Brillat-Savarin et Dodin-Bouffant réunis nous envieront notre festin de congressistes privilégiés! Cette matelote n'a pas suffi? On commandera la pareille à Illhaüseren, aux bords de l'Ill, non loin de Sélestat. On nous enivrera à Colmar, pays de chasse (mais dans quel coin d'Alsace le gibier n'abonde-t-il pas?), du parfum puissant d'un civet de lièvre aux nouilles, on bourrera nos poches de pains d'anis d'Andolshinn, et, le visage un peu trop rouge, mais le sourire aux lèvres et l'âme aux anges, nous entrerons avec une sorte de sereine majesté, à Strasbourg, capitale insigne de toutes les fines charcuteries, du « beckenoffe » onctueux (qui n'est autre qu'un rôti de porc aux pommes fondantes, cuit au four du boulanger), et des petits choux à la crème cuite...

Et nous y finirons notre existence, pour rendre le dernier soupir, la partie jouée jusqu'au bout, en savourant une croûte de foie gras aux truffes dans la cité même de *la Marseillaise!*

Inutile d'ajouter que les fonctionnaires des chemins de fer d'Alsace et des services annexes, — dont le savoir-faire et la complaisance méritent toute notre gratitude — ne seront pas tenus d'attendre jusque-là pour clore la tournée et apurer leurs comptes.

Carlos FISCHER.

## *Recettes Alsaciennes*

### Vacherin Glacé

*(A la Gastronome)*

Prenez deux fonds en meringue ayant chacun un bord un peu élevé, mettez entre ces deux fonds une glace vanille additionnée de bon kirsch d'Alsace et quelques dés d'ananas, des fraises confites et un peu de macarons coupés.

Masquez le gâteau tout autour d'une glace légère de fraises ou bien de framboises et décorez le tour avec. Dessus le gâteau est masqué de crème Chantilly et également décoré avec le dessus, afin que le gâteau soit rose autour, blanc par dessus.

(J'ai créé cette recette et ce gâteau est une spécialité de notre maison.)

Les Wasserstrimla, sont un farinage; la pâte est faite de farine, œufs, lait et crème, elle ressemble à celle de l'omelette, elle est coulée dans l'eau bouillante cuite comme les nouilles et beurrés sur le plat.

# LE BEAUJOLAIS VINICOLE

LE Beaujolais doit son nom à la vieille maison des Sires de Beaujeu. Beaujeu en est la capitale.

Anse, Beaujeu, Belleville, le Bois d'Oingt, Villefranche-sur-Saône sont des centres importants de production.

Limité au levant par la Saône, il s'étage sur ses bords en une infinité de coteaux qui, s'élevant graduellement, forment sur une surface de 45 km. de longueur et 25 km. de largeur, la plus jolie chaîne de montagnes, les plus frais, les plus ravissants paysages qu'on puisse imaginer.

Le sol est riche et semble composé à merveille pour favoriser la végétation de la vigne. Elle couvre 40.000 hectares de ces magnifiques coteaux où elle s'étale, luxuriante et robuste, en rangs pressés, disciplinés et contenus par la main intelligente du vigneron beaujolais.

Féconde, elle paie les durs labeurs qu'elle impose, par une production annuelle d'environ deux millions d'hectolitres.

Qu'elle puise sa vie dans le sol granitique et schisteux, imprégné d'oxyde de fer, qui forme en partie le Haut-Beaujolais, ses vins ont toujours un bouquet particulier, un caractère de distinction remarquable, une constitution qui les rend toniques, digestifs et leur permet de voyager sous toutes les latitudes.

⁂

Les vins du Beaujolais se subdivisent ainsi :

Les grands ordinaires, récoltés dans le Bas-Beaujolais, sont les vins de table par excellence.

Les grands vins fins, récoltés dans le Haut-Beaujolais peuvent se classer ainsi :

Vins fins tendres et précoces, représentés par les Moulins-à-Vent, Thorins, Chénas, Saint-Etienne-la-Varenne, Fleurie.

Vins fins corsés et de plus longue durée, telles sont les régions de Brouilly, Morgon, Quincié, Chiroubles, Juliénas, Odenas, Vaux, Emeringes, Lantignié, Durette, Marchampt, Vauxrenard, Ardillats, St-Didié et Régnié.

De cette dernière commune, le touriste ne peut partir sans visiter le beau domaine de la Grange-Chartan, appartenant aux hospices de Beaujeu.

Les vins produits dans cette magnifique propriété ont un renom des plus fameux.

Tous les ans, dans la première quinzaine de décembre, ils sont vendus par foudres, aux enchères publiques, à la Mairie de Beaujeu. Une foule d'acquéreurs de Paris, Lyon, Beaune, Saint-Etienne et tous les négociants de la région, qui apprécient ce cru, accourent à cette vente et des transactions nombreuses ont lieu, après la dernière bougie éteinte, entre amateurs et vignerons.

Un marché aux vins existe donc à Beaujeu, le jour de la vente des vins de l'hospice.

Le bouquet de ces vins approche de celui des grandes cuvées de la Bourgogne.

A côté des vins rouges et blancs, le Beaujolais a une spécialité de vins gris d'une légèreté et d'une finesse exquises.

Les marcs de raisins, de cette région produisent une eau-de vie qui a un bouquet des plus délicats.

Les vins du Beaujolais ont une renommée qui remonte à la plus haute antiquité.

En effet, tout porte à croire, que bien avant la conquête Romaine, ses côteaux avaient déjà leur parure de pampres verdoyants.

Extrait du : « Beaujolais et Haut-Beaujolais Pittoresques »
Syndicat d'Initiative de Beaujeu.

# LES GRANDS VINS DE BOURGOGNE CONTRE LE PROHIBITIONNISME FRANÇAIS

Qui soutiendrait que ce fut par hasard que la Bourgogne fournit au trésor collectif un Rameau, un Carnot, un Buffon, un Bossuet et un Rude?

Qui contesterait que ces génies possèdent un caractère commun, une âme unique, qui s'analyse en un esprit largement ouvert, comme nos horizons, solidement équilibré, comme nos cathédrales, exact et réaliste comme les conceptions de nos artistes, fermement conduit, par une méthode rigoureuse, à des solutions nettes et pratiques, qui permet de saisir la vie dans sa vérité profonde et de l'exprimer pleinement?

Cet esprit, qui n'a nulle part d'équivalent, ils l'ont reçu de nos campagnes parfumées de « Gloires de Dijon », de nos prairies trempées d'or, et, avant tout, des incomparables produits de nos vignes.

Car notre vin de Bourgogne, brillant et solide, spirituel et généreux, musclé et pimpant, engendre le bons sens, la sérénité, la force et la belle humeur.

Si, en effet, la Bible a proclamé que « le vin réjouissait le cœur des mortels » (Psaume CIV, 15), si elle a recommandé « de donner du vin à ceux qui ont l'amertume au cœur afin qu'ils oublient leurs misères » (Juges, ch. XXXI, 6), si saint Paul, après s'être écrié « *Gaudeamus!* réjouissons-nous » et avoir indiqué le moyen de le faire en nous livrant son procédé : « *Bonum vinum loetificat cor hominum* », ce sont les moines de Citeaux, propriétaires du Clos Vougeot, qui ont proclamé que seul le vin de Bourgogne donnait aux hommes cette félicité totale qui consiste, comme nul ne l'ignore, à contempler la divinité.

C'est dans la pierre de leurs celliers, au-dessus des bataillons rangés de leurs futailles, qu'était gravée leur célèbre devise :

Qui ce vin boit,
Dieu voit.

dont la justification facile ne manque point de convertir nombre de mécréants qui, à l'imitation de saint Thomas, ne voulaient entrer en relation avec Dieu qu'après avoir fait sa connaissance.

Nos vins de Bourgogne n'ont rien perdu depuis, de leurs antiques vertus.

« Ils raniment le cerveau, réjouissent le cœur et remontent la machine », déclare le grand dictionnaire des sciences médicales.

« Il fait couler une sève généreuse et joyeuse, écrit André Theuriet, dans le sang des Bouguignons. Sitôt qu'on met le pied dans la ducale province, on se sent dans une atmosphère gaie et propice aux épanchements du cœur. Les hommes y ont le teint coloré, la physionomie ouverte, la voix chaude et le rire franc; les femmes ont dans les yeux quelque chose de clair et d'allègre comme la liqueur bourguignonne et, sur les lèvres, un peu de la pourpre de ce royal vin ».

Les vins de Bourgogne ont donc toutes les qualités qui font d'eux la boisson idéale; ils n'ont besoin d'aucune préparation pour être bus; ils ne demandent au consommateur que la patience de les laisser vieillir un peu. Mais ce sont là vérités premières qui n'ont pas besoin d'être révélées.

On connaît, d'autre part, la variété des vins de Bourgogne Il y a du Bourgogne de la Côte-d'Or, il y a du Bourgogne de l'Yonne, il y a du Bourgogne des Côtes châlonnaises et mâconnaises, et il y a même du Bourgogne du Beaujolais.

Toutefois, les très grands crus sont tous domiciliés en Côte-d'Or, splendidement installés sur deux côtes : la Côte de Beaune et la Côte de Nuits.

La Côte de Beaune produit des vins d'une merveilleuse finesse, d'un bouquet très frais et d'un goût captivant. On peut les boire relativement jeunes comme le laisse entendre l'appellation de « vins de primeur » qui leur a été consacrée. On y compte les crûs de Meursault de Montrachet — le roi des vins blancs — de Monthélie, de Volnay, de Santenay, de Pommard, de Beaune, de Savigny et de Corton.

Sur les flancs de la Côte de Nuits se récoltent des vins dits « vins de garde » qu'il importe, comme ce vocable l'indique, de conserver en cave plus longtemps que les précédents. Ces vins sont extrêmement généreux et robustes; leur parfum se dégage puissamment; ils laissent à la bouche une impression de plénitude, une sensation de bien-être qu'aucun autre vin ne saurait donner. D'ailleurs, le nom de chacun des crûs de la Côte de Nuits ne sonne-t-il pas, dans notre langage, comme un nom de victoire? Chambertin, Romanée, Nuits, Echézeaux, Vougeot, Musigny!...

Or, les deux côtes n'ont au total qu'une longueur de 60 kilomètres sur une largeur de 650 mètres!

Nos braves vignerons, on le voit, ne perdent point de place. Dans leurs villages, ils se laissent presser de toutes parts par la vigne, consentent à ne conquérir sur elle que de toutes petites maisons dans de toutes petites rues très étroites et très tortueuses. Ainsi peuvent-ils cultiver 4.000 hectares de ces grands vignobles, source de la richesse qui a donné à notre département son nom, joyeux et claironnant de " Côte d'Or ".

Des volumes, est-il besoin de le dire, ont été écrits sur chacun des crûs que nous venons d'énumérer, et sur d'autres fort intéressants aussi, que le cadre de cet article ne me permet même pas de citer.

On a pris soin, dans de remarquables études, d'indiquer comment les vins de Bourgogne devaient être bus; dans de grands verres, grands au point d'y pouvoir faire entrer le nez en même temps que les lèvres, car ils doivent être respirés largement avant et pendant la dégustation, en même temps que religieusement contemplés.

On a longuement disserté des unions les mieux assorties entre les bourgognes et les mets. Après avoir posé en principe que les gibiers ne pouvaient s'en passer, que la bécasse appelait impérieusement son compère le Corton et le râble de lièvre, sa commère la Romanée, on a ajouté que les mollusques et poissons ne sauraient non plus lui fausser compagnie et que les Meursault, Montrachet et Chablis leur était un accompagnement obligé, de même que les volailles de Bresse — Bresse en Bourgogne! — nécessitaient leur pesant de Nuits ou de Pommard.

Quels regrets n'ai-je point de ne pouvoir, à mon tour, vous donner, sur ces matières, quelques aperçus personnels.

Mais il y a mieux à faire.

Si extraordinaire que cela paraisse, les vins — les Bour-

# PIERRE DARIEL

DÉCORATION
INSTALLATION
AMEUBLEMENT
DE
CAMPAGNE
POUR LE
JARDIN
ET LA
VILLA

PARIS, 45, RUE DE PENTHIÈVRE
LILLE, 197, BOUL$^{D}$ DE LA LIBERTÉ
USINE A LAMBERSART (NORD)

gognes comme les autres — ont à lutter contre un monde d'ennemis.

Les plus dangereux ne sont pas les éléments, qui, pourtant, anéantissent parfois en une minute le résultat des efforts de toute une année.

Ce ne sont pas les parasites végétaux : oïdium, mil-dew, black-rot, dont la famille s'accroit sans cesse de quelque nouveau cousin, ni les parasites animaux : phyloxéra, pyrates, colchylis, altise, dont le plus redoutable s'appelle fisc, vient le dernier et de ses multiples tentacules : impôts indirects, taxes diverses, tarifs douaniers, achève la ruine commencée par ses prédécesseurs.

Ce sont deux nouveaux venus au cortège : les prohibitionnistes étrangers et français, et... les restaurateurs.

Les prohibitionnistes étrangers, nous les connaissons. Nous avons été un peu partout lutter contre eux, dans les nations mêmes où ils opéraient, et nous nous sommes aisément rendu compte que leur désir de perfectionnement social cachait mal le désir de concurrencer la France et d'aggraver ses pertes. Ils luttent contre notre pays : c'est leur droit.

Nous connaissons malheureusement aussi les prohibitionnistes français, espèce de fous malfaisants, dont les théories ahurissantes ne tiennent pas une minute devant une contradiction sérieuse et documentée. Il ne faut pas se contenter d'en rire. Il faut les traquer sans relâche, les attaquer de front et les mettre hors d'état de nuire. On peut compter, pour ce faire, sur un certain nombre de bons français.

Mais... que ferons-nous contre ceux mêmes qui devraient être les meilleurs de nos amis, ceux des hôteliers et restaurateurs, qui ont imaginé les repas et pensions " vin non compris " ce qui engage trop souvent le client à ne boire que de l'eau?

Achètera-t-il nos vins, l'étranger, de retour dans son pays, qui, dans nos restaurants et hôtels, aura vu les Français, ses voisins de table, s'abstenir de boire du vin ?

Et que pensera-t-il de ces maîtres d'hôtel et garçons qui lui présenteront sans relâche dans les pays de vignoble, au lieu de la bonne bouteille d'un grand crû, le flacon d'eau minérale qu'il paiera un prix fou ? Que ces maîtres d'hôtel et garçons touchent sur ce flacon de très fortes remises?... Non, il se dira tout simplement que nous sommes les premiers à reconnaître que notre vin français est indigeste, malsain, nocif, que ce n'est qu'un article d'exportation... ce qu'on lui avait déjà dit.

Encourageons donc de toutes nos forces les hôteliers français, patriotes avisés autant que commerçants habiles, qui, dans un pays qui produit 42 0/0 de la totalité des vins du monde, et tous les grands crûs sans exception, proclament, en le rendant inséparable de tout repas, que le vin est bien notre boisson nationale.

Nous-mêmes, donnons l'exemple. Buvons du Bourgogne, soleil liquide, qui nous rendra joyeux et forts.

Gaston Gérard.

# LA BOURGOGNE ET LES ARTS

PHILIPPE-LE-HARDI, duc de Bourgogne, aimait à s'appeler le *Seigneur des meilleurs vins de la Chrétienté*,

C'était le meilleur commerçant qui fût, car s'il s'entendait à faire valoir les merveilleux produits de la Côte-d'Or, il veillait à ce qu'ils fussent dignes de leur réputation.

Par son ordonnance du dernier jour de juillet 1395, il interdit l'usage du *très mauvais et très desloyaulx plan nommé Gamay, duquel vient grand abondance de vins mauvais, moult nuisibles à créature humaine ;* il proscrivit aussi l'usage de fumer les vignobles, *pour laquelle cause les vins sont devenus jaunez, et en tel état que personne n'en pourrait convenablement user sans péril pour sa santé.*

C'est que, comme le disait cette ordonnance, *notre Saint-Père le Pape, Mons le Roy et plusieurs autres seigneurs, tant gens d'église comme nobles et autres avaient en accoustume par excellence de faire leurs provisions des vins crus en Bourgogne bien qu'ils eussent des autres vins en abondance.*

Et ce n'était pas seulement du commerce, mais aussi de la diplomatie que le bon duc faisait avec les vins de Beaune. Il étendit son influence sur les comtés de Flandre, d'Artois, de Nevers et de Rethel, sur le duché de Brabant, les comtés de Hainaut, de Hollande et de Zélande, pays où les grands vins de France ont toujours trouvé des admirateurs passionnés et des connaisseurs enthousiastes.

Jean-sans-Peur, son fils, était affectueusement appelé par les Flamands : « Notre Hannottin de Flandre ». Philippe-le-Bon, devenu *droit héritier* de Brabant, de Flandre, de Hainaut etc., acquit le Luxembourg et enveloppa la principauté de Liége, étendant aussi sa domination sur tous les Pays-Bas, l'Artois et la Picardie.

Il vécut à Bruges, à Gand, à Anvers, à Bruxelles; son faste était digne des plus grands rois; il entretenait un monde de seigneurs, d'officiers et de serviteurs; ses joyaux, ses tapisseries, ses meubles précieux, ses dinanderies témoignaient d'un luxe inouï. La magnificence, l'éclat des fêtes chevaleresques, son accueil courtois attiraient tous les artistes du pays. Sa renommée s'était répandue jusqu'en Asie où il était appelé le grand duc d'Occident.

Après Beauneveu, Claus Sluter et Brœderlam, ce furent Jean Van Eyck, Roger de la Pasture dit Van der Weyden, Jean Malouel, Hans Memling, le sculpteur Claus de Werve et le maître fondeur Joseph Colart de Dinant qui créèrent l'art dit de Bourgogne.

Car, ainsi que l'écrivait M. A. Kleinclausz, professeur à l'Université de Lyon, l'art de la Bourgogne ne fut pas un art populaire; il ne sortit pas des entrailles de la nation, ni de sa volonté, ni d'un surcroît de richesses économiques; il fut, dans toute l'acception du terme, un art officiel, qui ne se serait pas produit sans l'avènement des Valois.

Nous ajouterons que les Belges cités plus haut y contribuèrent pour une grande part.

Si les vins de Bourgogne firent couler des trésors de lyrisme dans le cerveau des Wallons et des Flamands, ceux-ci donnèrent généreusement à la Bourgogne, en œuvres d'art : tableaux, tapisseries, sculptures, dinanderies, ce qu'elle avait contribué à inspirer.

Un Belge n'est pas dépaysé quand il se promène dans Dijon, il y trouve un air d'étroite parenté avec ses villes glorieuses; un Bourguignon est chez lui en Belgique où le culte du vin entretient les joies dyonisiaques.

Maurice des Ombiaux.

La délectation de savourer la cuisine française au Salon d'Automne est complétée par le charme du décor si français, lui aussi, de nos fraîches et jolies toiles de Jouy. On parcourrait la terre entière sans trouver ailleurs ce mélange de grâce et d'optimisme qui est bien de chez nous.

Ce que la Manufacture de Jouy a fait au XVIII^e^ siècle, les Impressions du Landy le continuent aujourd'hui, non seulement en restaurant exactement avec les anciens procédés, les vieux modèles dont le charme suranné est toujours si prenant, mais en éditant des répliques modernes, délicieux tableautins, dont l'inspiration est puisée dans des scènes de la vie d'aujourd'hui. Ce renouveau de notre art traditionnel a été salué par un immense succès. Ces ravissantes tentures, papiers peints et toiles pareilles sont exposés dans les Salons de Viacroze S. A., 28, Rue de Richelieu, que vous êtes invité à visiter. Si vous ne pouvez vous y rendre, écrivez à Viacroze-Landy, qui vous adressera toute la documentation utile.

# *Impressions du Landy*

MARQUE BON TEINT DÉPOSÉE

# VINS ET FROMAGES DU DAUPHINÉ ET DE LA SAVOIE

Le Dauphiné, berceau de tant de suaves liqueurs et de délicieuses confiseries dont la renommée s'étend au-delà des frontières de notre pays, séduit les gourmets par d'autres productions non moins remarquables.

Des fruits d'une finesse particulière, les admirables pêches de la vallée du Rhône et les fameuses noix « mayettes », orgueil de la région de Tullins-Vinay, complètent une production agricole dont la cuisine dauphinoise tire un utile profit.

Voici toute la gamme des vins qui, sans avoir le bouquet particulier des crus voisins des Côtes du Rhône, ont, de tous temps, satisfait des palais bien délicats. Le phylloxéra est bien venu mal à propos endommager les belles plantations de la vallée du Graisivaudan; celles de Murinais, près de Saint-Marcellin, et de Princens, près de Saint-Jean-de-Maurienne, qui pendant longtemps ont constitué des crûs réputés en vins rouges. Mais les viticulteurs dauphinois et savoisiens, avec patience, ont reconstitué leurs vignobles étagés sur les contreforts des Alpes et de nouveaux crûs remarquables comme bouquet et comme finesse tiennent aujourd'hui une place importante dans les bonnes caves de la région. Le fameux clos des Capitaines, à la Buissière; celui de Crucilieux, à Saint-Chef sont parmi les plus connus.

En vin blanc, la vallée de l'Isère possède des crûs renommés à la Tronche, à Chougnes de Tullins, etc., mais la Savoie apparaît comme détentrice des meilleurs nectars. Pour l'amateur des vins blancs dont la dureté est comparée communément à celle de la pierre à fusil, quels meilleurs échantillons que les crûs de Chignin, Montmélian, Saint-Pierre-d'Albigny; consommez un « jovelot » de vin blanc de Chignin à la terrasse d'un café de l'ancienne capitale du duché de Savoie et vous m'en direz des nouvelles! Et le fameux Seyssel naturel de maître Labrune!

Certains crûs présentent des qualités qui les font choisir pour la champagnisation. C'est ainsi que M. Jourdan, un distingué œnologiste de la Tronche, a construit dans cette localité des caves modèles où il prépare le célèbre Mont-Rachais mousseux avec les jus des Pinot-Chardenet venus sur les pentes calcaires du Mont-Rachais.

A Seyssel, autre méthode de vinification qui nous vaut une série de vins dont la renommée s'étend également au loin.

Un gros effort est fait dans l'Isère pour que les vins de l'Isère aient leur place indiquée sur les menus de tous les restaurants de la région. Pendant les journées gastronomiques qui accompagnèrent le concours régional agricole de Grenoble, en juin dernier, les initiatives conjuguées de de M. Rougier, directeur des services agricoles; Falconnet, président de la Société des cuisiniers et vice-président du Comité de l'A. G. R., et Félix Bouvier, président de la Fédération régionale des limonadiers-restaurateurs, nous ont valu de déguster à chaque repas exclusivement des vins de l'Isère et la carte en était, ma foi, fort séduisante.

***

Et les fromages, ne voilà-t-il-pas encore un des produits naturels les plus agréables de cette magnifique région des Alpes.

Sans aller jusqu'aux « rigotes » de Condrieu qui sont en bordure de notre département, il faut goûter aux délicieux « Saint-Marcellin », à cette délectable « tome de chèvre », que d'aucuns placent au-dessus de tous les fromages du monde. N'a-t-elle pas été jusqu'à susciter l'âpreté au gain d'industriels du département des Deux-Sèvres qui fabriquent à Niort du « véritable Saint-Marcellin »?

Trouvez dans un village de la vallée du Bas-Graisivaudan, à Chevrières ou à Cognin, une brave paysanne qui vous garantira une bonne tome de chèvre et goûtez-là avec cette componction qu'y mettent les connaisseurs! Mais, hélas, bien souvent le crémier du coin vous servira une « tome » pure vache et ce n'est plus cela.

Sur le plateau du Villard de Lans, dans les verts pâturages qui ont donné naissance à une race bovine remarquable par ses qualités laitières, on fabrique — ou plutôt on fabriquait le célèbre Sassenage, la passion, de nos pères — car il devient difficile, sinon impossible de trouver du « Sassenage ». Encore une fabrication qui tend à disparaître, la paysanne du Villard de Lans trouvant moins fatigant et plus productif de vendre le lait naturel aux laiteries industrielles ou aux crémeries de la ville.

En Savoie, où l'on produisait en quantité le fameux « reblochon », le même phénomène, se répète. Le lait est accaparé par les nombreuses laiteries industrielles qui, de plus en plus, abandonnent le « reblochon » pour s'adonner exclusivement à la fabrication du gruyère. Qui nous rendra les régionaux « reblochon » du temps jadis?

Il y a, pour l'A. G, R., une belle œuvre à accomplir : celle non seulement de sauvegarder les vieux plats régionaux, mais aussi de pousser au maintien des fromages locaux, si fins et si délectables, inséparables de tout bon repas. Là aussi, il faudra encourager les bonnes traditions.

Auguste Bouvreuil.

# GLOIRE AU LYONNAIS

*Lyon, 29 septembre.*

Mon cher Président,

Votre lettre me parvient à Lyon et où diable voulez-vous que je trouve le temps d'écrire un article quand il faut déjeuner et dîner au moins six fois par jour pour se faire une légère idée de ce que sont les incomparables chefs et les admirables cuisinières lyonnaises?

Vous me demandez quels sont les devoirs du bon restaurateur?

C'est bien simple : Faire la cuisine lui-même et voyager chaque année pour constituer sa cave sur place. En s'en tenant à ces deux obligations morales, on obtient, je vous l'assure, des résultats de premier ordre. Allez voir chez Martinet à Lons-le-Saunier où chez Georgis à Talloire qui sont nos deux récentes découvertes.

Je ne vous en écris pas plus long, d'abord parce que vous m'interrogez après un entretien des plus sérieux avec des quenelles gratinées, et avant un rendez-vous avec un poulet à la crème, et aussi parce que les devoirs gagnent toujours à ne pas être trop nombreux, en tous cas à être énoncés brièvement.

Veuillez trouver ici, mon cher Président, les cordiales pensées de votre

Marcel Rouff.

# AINSI MANGENT LES DAUPHINOIS

A TITRE de pensum sans doute et pour me faire expier les pêchés de gourmandise que mon âge ne permet plus, le Père du 9e Art, avec la belle confiance qui fait sa force et son succès, me réclame quelques lignes sur ce thème de cuisine brûlant : « Comment mangent les Dauphinois » ?

Il eut pû, tout aussi bien, car avec lui il faut s'attendre à tout, me demander : « Comment aiment les Dauphinois », sujet qui n'exige aucune compétence technique. Mais les bons " comtes " font les bons amis et l'on ne saurait faire nulle peine, même légère, au comte de Croze.

Au fait, en y réfléchissant, les deux questions se rejoignent harmonieusement. Les Dauphinois mangent ce qu'ils aiment — exception faite bien entendu pour leurs chères Dauphinoises — et aiment ce qu'ils mangent.

Les Dauphinois sont des gourmets. Voisins du pays de l'illustre Brillat-Savarin, ils ont conservé tous les raffinements de délicatesse dégustative de l'ancienne basoche des hommes de Palais. Comme pêché avoué est à moitié pardonné, ayons la crânerie d'avouer que nous sommes aussi des gourmands — gourmands de toutes les sensations enivrantes que la nature et l'art ont mis à notre portée.

Physiquement, moralement, nous dépendons tous du milieu qui nous a formés, dans lequel nous vivons. Ce milieu est parfois rude ; le ciel plus souvent incertain, nuageux, mélancolique.

Au premier rayon matinal, qui éclaire nos Alpes, nos âmes se détendent et s'épanouissent. Mais, quand la brume voile nos sommets immaculés, nous devenons des sensitives, qui, pour s'ouvrir, ont besoin du cristal, des lumières et de la chaude atmosphère d'une table bien servie.

La cuisine est cousine de Phœbus.

La cuisine, c'est encore du Soleil.

⁂

A peine portés à la bouche, les premiers éléments d'un repas donnent la sensation de la joie de vivre, de la tranquillité d'esprit reconquises. Nous voilà alertes, gais. Par quel mécanisme physiologique la force s'est-elle substituée à la fatigue et le tonus à l'atonie ? Par une simple stimulation mécanique produite par le frôlement du bol alimentaire sur les nerfs sensitifs des parois desophogiennes et stomacales. Il arrive là quelque chose de comparable à ce qui se passe quand on frictionne avec un gant de crin les nerfs de la peau d'un homme fatigué. C'est ainsi, imagine le Dr Maurice de Fleury, que l'autruche épuisée par une longue course se redonne des forces en avalant, faute de mieux, des cailloux, de simples corps étrangers tout à fait inassimilables, mais qui agissent mécaniquement, par frottement sur les houppes nerveuses sensitives des parois du tube digestif. Par voie réflexe, cette stimulation détermine un rehaut de tonicité dans l'ensemble de l'organisme. La sensation de bien-être, de force, n'est que la conscience de ce surcroit de vitalité survenant quatre ou cinq ans avant que les aliments absorbés aient pu se transformer en nourriture assimilable ou assimulée par l'organisme.

De cela, il semble que, dès les temps les plus reculés de notre histoire provinciale, les cuisiniers dauphinois aient eu la prescience. Les houppes nerveuses sensitives des parois de notre tube digestif sont pour eux comme les microscopiques touches d'un piano (pas aqueux) dont ils savent jouer à merveille. Leur menu est une symphonie où chaque plat a son leit-motiv dominant, où le tout s'harmonise, car l'estomac du Dauphinois aime à retrouver, en chaque mets, la note dominante, c'est-à-dire, la saveur spéciale, " sui generis ", de chaque aliment.

Le Dauphinois a horreur de la cuisine passe-partout ; de la fameuse sauce espagnole de jadis. Il apprécie, en ses jours de sortie, la recherche, la haute école, le grand art, mais au fond, il se contente, avec une satisfaction non dissimulée, du met le plus usuel, le plus simple, le plus ordinaire, voire même le plus vulgaire, pourvu qu'il soit préparé avec conscience, probité et perfection,

Ce souci de probité culinaire visant à respecter, à mettre en valeur l'arôme naturel d'un mets me semble provenir des ménagères dauphinoises qui, ancestralement s'efforcent à gagner le cœur de leurs époux en flattant un de leurs vices préférés.

Jusqu'avant-guerre, d'ailleurs, nombreuses étaient les cordons bleus réputées qui se rendaient à domicile pour préparer les dîners de galas ou même les simples invitations d'amis. Le Dauphiné est, en effet, une des régions où l'on reçoit encore le plus volontiers. Tout y finit par des banquets — et par des chansons, à l'heure où, par un agréable effet de réplétion mécanique, le cœur est meilleur parce que plus près du ventre.

Les touristes, unanimes je crois, à rendre hommage à la sincérité et à l'art qui préside à la cuisine dauphinoise, peuvent venir ou revenir, en toute confiance, visiter notre Exposition Internationale de la Houille Blanche et du Tourisme de 1925. A l'occasion de cette manifestation, nos Grenoblois et Dauphinois déploieront toutes les séductions de leur talent culinaire.

⁂

Il serait trop long de dresser, ici, la carte culinaire du Dauphiné. Le " gratin ", qui perpétue la fantaisiste étymologie de gratianopolis, en est l'astre principal — un astre qui ne connait que des victoires et jamais de désastres. Même aux écrevisses, dont la patrie est la Mure, il marche de l'avant. Le " Bœuf à la Mode ", familièrement appelé bœuf en Daube, avec sa garniture jardinière, reste une des spécialités de la région. Nos " Quenelles " sont dauphinoises et pas du tout lyonnaises. Le poulet sauté à l'ail, la potée font encore notre joie. Nos grands maîtres ont immortalisé "le poulet à la crème" avec accompagnement de "Morilles" ou de champignons de pays. Arrêtons-nous sur ce mot "crème", car la "crème de Monsagne" est à la base de notre cuisine.

Quant aux poissons, je renvoie a la carte piscicole de l'Isère, admirablement dressée par l'éminent professeur Léger.

Le gibier, à poils et a plumes, à ses fervents adorateurs. Il tient la place d'honneur dans les milliers et milliers de banquets qui se donnent sur le territoire pantagruelique de notre région alpestre.

Sur nos pics, le chamois dresse son élégante silhouette, cible facile au fusil meurtrier.

Pâtisserie, confiserie : noix fourrées, truffettes, "pâtés Saint-Victor"; pâtés de canards, bonbons à la chartreuse, "bouffettes de Mens" et quantité de spécialités célèbres assurent des entrées ou des desserts d'un goût exquis.

Toutefois, le plus grand nombre des spécialistes sont des créations des maisons dauphinoises. Il en est de même en ce qui concerne la moyenne partie de la cuisine proprement dite.

⁂

Concluons : Grenoble est une pépinière de cuisiniers. Beaucoup, parmi les célébrités des grandes capitales du monde, ont fait leur apprentissage à Grenoble. Ils y ont acquis non seulement l'esprit d'initiative, d'invention, mais encore l'art de la présentation, la science de la composition harmonieuse, hygiénique, d'un menu ainsi que le talent de dresser une table.

Si Grenoble est à la tête du mouvement qui s'est dessiné si énergiquement depuis la paix, en faveur de la renaissance de notre cuisine régionaliste française, il le doit à l'impulsion donnée par la Société des Cuisiniers de Grenoble et de l'Isère, dont le président, les présidents d'honneur et les membres, ont les premiers en France, pris l'initiative des Expositions culinaires et gastronomiques régionales. Cet exemple a été suivi, depuis par de nombreuses autres villes et a eu son couronnement national par la création de la section gastronomique du Salon d'Automne.

On sait quel fut, au premier Salon d'Automne, l'accueil magnifique fait à nos cuisiniers grenoblois.

La cuisine Dauphinoise, qui tient si ferme et si haut le drapeau régionaliste, trouvera au second Salon, nouvelle occasion de briller au premier rang et ajoutera quelque rayon de gloire alpestre à l'éblouissant soleil automnal du 9e Art.

Nos vins, nos crûs subtils chers à nos cœurs, n'auront pas, cette année encore, les flacons dauphinois rêvés par le comte de Croze, mais comme eut dit Musset :

« Qu'importe le flacon, pourvu qu'on ait l'ivresse ».

René Meunier,
du *Petit Dauphinois*

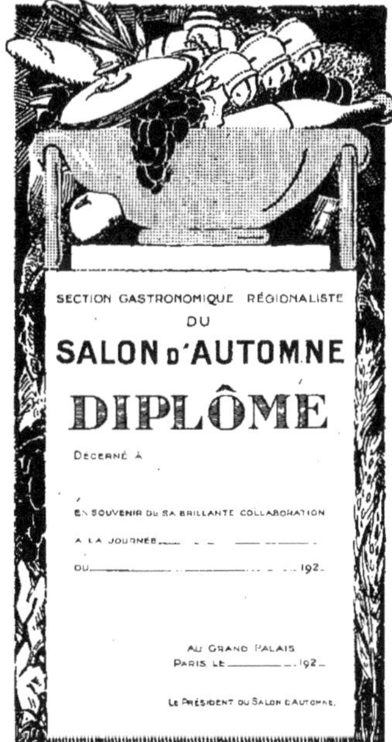
SECTION GASTRONOMIQUE RÉGIONALISTE
DU
SALON D'AUTOMNE
DIPLÔME
DÉCERNÉ À
EN SOUVENIR DE SA BRILLANTE COLLABORATION
A LA JOURNÉE
DU 192
AU GRAND PALAIS
PARIS, LE 192
LE PRÉSIDENT DU SALON D'AUTOMNE

Diplôme décerné aux Chefs et Cordons bleus ayant assuré leur concours aux Journées gastronomiques régionalistes.

# LA PROVENCE GOURMANDE

Je n'ai jamais compris qu'une jolie femme puisse ne pas être gourmande... or la Provence n'est-elle pas une des plus belles femmes qu'on puisse voir.

Fraîche, ardente, épanouie, robuste et douce à la fois, violente et tendre, sensuelle et paisible et si séduisante avec sa chair ferme de fruit, son teint de fleur, ses yeux où la Méditerranée a mis ses violettes lumières et ses cheveux flous comme le feuillage des oliviers sous le mistral.

Aussi la Provence est-elle gourmande au moins tout autant que ses sœurs la rieuse Normandie, la Bretagne qui rêve, la ménagère Auvergne.

Je sais des coins de la forêt du Dom où les chasseurs cuisent des perdreaux sur des feux de pignes qui donnent à l'oiseau toute l'odeur et le goût de la forêt.

Et sur les rochers au bord des calanques bleues à Morgiou et à Cannelongue il se fait, sur trois pierres, dans un poêlon noirci par un feu d'enfer, à deux mètres de l'eau transparente, des bouillabaisses et des soupes inimitables où semble être restée prise l'âme même de la mer.

Dans les mas le dimanche, on sort du four, brûlant et frémissant encore le plat de courgettes farcies ou d'aubergines cuites lentement sous le coulis de tomates et le Parmesan râpé que l'Italie toute proche nous a appris à chérir.

Ou bien ce sont les tomates elles-mêmes qui se présentent seules, glorieuses de leur pourpre et de leur saveur, simplement parfumées d'ail et de persil léger.

Au hors-d'œuvre on voit paraître les poivrons craquants, les jeunes fèves, les tendres artichauds violets, les olives noires et vertes presque toujours préparées au logis par la fermière, ou sur d'autres tables, les moules de Toulon, les violets, les oursins exquis tous brillants d'eau marine.

A la fin du repas ce sont les friandises; biscottes et calinons d'Aix, suce-miel, croquants d'Allauch, nougat de Montélimar, figues séchées toutes confites encore du sucre dont les a gonflées le généreux été; amandes fines des amandiers de Salon, cerises de Solliès-Toucas, abricots, pêches de la vallée du Gapeau, mandarines d'Hyères; melons à chair blanche ignorés du Parisien, melons de Cavaillon à chair rose, raisins muscats de tous les beaux côteaux du midi que le soleil amoureux caresse ardemment comme un de ses coins choisis. Elle aime tellement le parfum, la couleur, notre Provence, qu'elle ne peut se passer d'en parer cette partie matérielle de la beauté : la cuisine. Elle est de l'avis de Georges Duhamel qui a écrit : « Manger était chose de l'âme ». Et c'est bien son âme même qui vibre dans les éclats vifs de la rascasse, dans la rutilance de l'huile d'olive, dans la pourpre entr'ouverte de la figue, dans les rubis de la tomate, dans l'odeur des genêts jaunes et celle des thyms violets... C'est bien son âme même qui me fit un matin, dans une des vieilles rues de Marseille deviner un jeune Dieu offrant au bout de ses bras bruns une mosaïque éclatante, dans un gamin Provençal qui vendait sur de petites assiettes jaunes, des poivrons et des tomates crus tous baignés d'une huile d'or.

Thyde Monnier.
*« Cri de Marseille ».*

# LES BONS COINS DE PROVENCE

Les bons coins de Provence sont tous également de beaux coins; tous sites incomparables, connus de nos artistes et, depuis longtemps déjà, immortalisés sur les toiles de nos plus grands maîtres.

Grâce à l'active propagande du Touring Club de France, et à l'action permanente des Syndicats d'Initiative, la Provence aussi bien que toutes les autres régions de France a dû apporter à ses vieilles et primitives traditions hospitalières d'importantes et nécessaires réformes, et sans prétendre que tous nos coins de Provence soient devenus des modèles d'installations moderne avec tout le confort des Palaces à la mode, on peut dire cependant que la chambre dite « Touring-Club » propre et claire se rencontre aujourd'hui à peu près partout.

Depuis le grand mur d'Orange qui est comme le gigantesque écran de la tragédie antique et marque la frontière du nord de la Provence dans la vallée du Rhône, en allant sur Avignon la cité glorieuse des Papes, en passant par la Fontaine de Vaucluse, berceau des amours littéraires de Pétrarque et de Laure; depuis Nîmes, la Rome des Gaules, Tarascon et son château du roi René, Saint-Rémy, l'antique Glanum qui possède les deux plus complets modèles de l'architecture romaine du temps des Césars, et Arles, cette autre capitale gallo-romaine, l'abbaye de Montmajour, le Paradou, li Baux, ce bijou incomparable de la Renaissance, Salon, la patrie de Nostradamus, Aix, la vieille ville parlementaire. Les Martigues que nos peintres depuis Ziem ont adoptées pour leurs poncifs sur Venise, et qu'ils appellent du reste la Venise provençale, et enfin, Marseille, la grande ville aussi industrielle que commerciale, et qui a mérité d'être sacrée métropole coloniale.

C'est de Marseille même, de sa corniche, que commence réellement la Côte d'Azur, aux Calanques si exquises, que l'on dirait une dentelle blanche posée sur la mer bleue où s'accrochent jusque sur la Riviera de délicieux petits ports qui ont tous leur personnalité et leur séduction propre, depuis Cassis, le pays du vin blanc fameux, au goût de pierre à fusil comme si la vigne qui le produit poussait dans du salpêtre; la Ciotat, les Lecques, Bandol, Sannary, la Seyne, Tamaris et Toulon, et dans les terres en arrière, la Chartreuse de Montrieux, aux écrevisses abondantes autant que savoureuses...

# AVANT ET APRÈS...

Nous devons à l'obligeance de notre confrère *L'Alsace Française* ces deux clichés ci-contre, qui représentent le Comte A. DE CROZE.

Et encore mille autres coins pittoresques, tous sont à l'heure actuelle en état de recevoir décemment le touriste le plus difficile. Partout, en effet, il trouvera dans les petits hôtels qui, naguère, ignoraient les éléments de l'hygiène, voire de la propreté, une chambre simple et saine avec de l'eau en abondance et un cabinet de toilette parfaitement outillé pour toutes les ablutions nécessaires. Il n'y a plus une seule hôtelière aujourd'hui pour s'étonner, comme jadis, qu'on lui réclame cet instrument si précieux à chevaucher et que d'aucunes, à l'époque, prenaient pour un étui à violon, s'indignant du reste qu'une honnête femme pût user d'un pareil raffinement de coquetterie. J'ai moi-même entendu cette réflexion faite, au peintre Bistagne, par son hôtesse qui ne pouvait s'expliquer l'usage d'un pareil ustensile.

Tous ces perfectionnements apportés à l'hospitalisation régionaliste n'ont pas été sans amener quelques troubles dans les traditions locales. Telle auberge qui a rénové ses chambres pour se mettre au goût du jour et recevoir comme il convient les touristes que l'automobile disperse sur toutes les routes de France, et qu'un besoin universel de villégiature pousse dans tous les sens, tel hôtelier disons-nous, qui a marqué cet effort a crû devoir aussi apporter quelques réformes à la composition de ses menus et autant par un sentiment d'économie mal compris que pour imiter les grandes maisons réputées Palaces, il a réduit la quantité et la qualité de ses mets, et ses prix ont été établis vin non compris. Et toujours pour suivre le mauvais exemple de certains palaces, les hôteliers, même les plus intelligents ont voulu faire la cuisine cosmopolite, cette cuisine selon la fâcheuse formule des pensions franco-suisses où le veau aux carottes est le plat de prédilection; oubliant les précieuses traditions ancestrales, qui sont encore, et seront l'éternelle gloire de notre pays, si nous savons les sauver des conséquences de cette crise de civilisation malentendue. il a voulu faire, à son tour, la cuisine insipide des buffets de gares.

Nous voulons bien être logés avec tout le luxe et le confort moderne, mais nous voulons surtout manger suivant les vieilles et pures traditions de nos mères-grands qui firent en France, dans toutes les régions, des générations de gourmets et de gens de goût, sachant partout utiliser les merveilleuses ressources locales.

L'action de l'Association des Gastronomes régionalistes doit surtout s'appliquer à donner à l'hôtelier de ces charmants petits coins pittoresques le courage de mettre sur sa carte de chaque jour le plat traditionnel de son pays, préparé avec toute la minutie d'autrefois. Tout le monde y gagnera, le touriste d'abord qui sera tôt conquis et qui reviendra et l'hôtelier qui verra sa clientèle augmenter et avec elle, ses profits, car pour faire cette cuisine régionaliste de tradition, il n'aura pas à engager un bien nombreux personnel exotique exigeant et prétentieux. Au surplus, quelques grandes maisons dans nos grandes villes du Midi, ont déjà affiché les plats locaux les plus réputés. Nous ne parlons pas seulement de l'illustre bouillabaisse qui figure sur toutes les cartes de Marseille à Menton, mais d'autres plats qui, pour être moins notoires, n'en sont pas moins succulents, tels : la *bourride*, l'*aioli*, le *poisson à l'aigosaou*, les *artichauts à la barigoule*, la *brendade de morue*, le *thon à la chartreuse*, les *pieds et paquets à la marseillaise* qui laissent bien loin en arrière les tripes à la mode de Caen, le *bœuf en daube*, le *saucisson d'Arles piqué d'ail*, les *escargots à la Meissounière*, et autres mets où se révèlent avec la même maestria les qualités grandiloquentes de la race méridionale faite de soleil, d'épices, d'ail et de bruit.

Pour que ces lignes aient leur utilité pratique je dois signaler plus spécialement les bons coins de Provence où le touriste doit réclamer à son hôtelier qui n'oserait pas les lui présenter, les produits les plus réputées. C'est ainsi qu'il réclamera en Avignon, le vin du Comtat, ce clos des Papes et autre Châteauneuf récolté sur le même filon que nos grands vins de Bourgogne. C'est du soleil mistralisé en bouteilles, car, c'est le mistral, notre grand vent rhodanien, céleste bienfaiteur de la Provence, qui disperse dans notre atmosphère privilégiée les senteurs enivrantes et les pollens vivifiants de la gueuse parfumée. Nîmes est réputée pour sa brandade de morue, aux Martigues, il voudra goûter à notre caviar de la Méditerranée, cette blonde poutargue faite d'œufs agglomérée d'esturgeons et d'autres poissons blancs qui fait si appétissante une salade de pois pointus ou pois chiches arrosés de l'huile pure de nos oliviers du terroir. A Cassis, à l'hôtel de la petite place Cendrillon, vous pourrez demander toutes les spécialités de la cuisine provençale, car là, vous trouverez un hôtelier aussi intelligent qu'habile et très instruit de toutes ces curiosités gastronomiques qu'il comprend et peut satisfaire.

Enfin, partout où vous passerez, à l'heure de vous mettre à table, donnez à votre hôte l'idée de vous offrir de sa cuisine, à lui, faite suivant les vieux rites de ses arrières grands. En somme, maintenant que notre Provence peut loger confortablement ses visiteurs, il appartient à ceux-ci, de se faire nourrir de mets indigènes, ils en seront ravis, mais ils n'y parviendront qu'en donnant à leurs hôtes le courage d'y consentir car très sincèrement, ils ne se doutent pas, ces parvenus de l'hôtellerie, de la supériorité de leur cuisine mijotée sur un petit feu de bois à toutes ces préparations compliquées, improvisées sur les grands fourneaux d'une restauration moderne et trop scientifique.

Louis FAUCHÉ,
*Secrétaire général du Syndicat de la Presse Marseillaise.*

*NORMANDIE*

# LES VIEUX PLATS DE CHEZ NOUS

Echauffour, 28 août 1924

Monsieur le Président,

Je crois qu'au point de vue Normand, on peut qualifier de " Plats Régionaux " d'abord :

*Le poulet aux salsifis, la fricassée de poulet, la blanquette de veau.*

Voilà pour la crème; ensuite, du côté des roux :

*Le haricot de mouton, la poule en daube, les abatis de volailles avec des boules.*

enfin : *Les tripes à la mode de Caen.* Toutefois :

Du brun ragoût qui nous séduit
Le berceau se perd dans la nuit
Des âges.

Et Gustave Le Vavasseur ajoute :

Les Cités du pays normand
En mangeaille ont également
Leurs types :
Rouen son doux sucre croquant,
Vire ses andouilles et Caen
Ses tripes.
Et tant que tripes nous aurons,
De cidre nous arroserons
Nos ventres;
Dieu nous en donne à grand planté
Nous le boirons à la santé
Des Chantres.

Les sept plats énumérés plus haut sont bien des vieux plats de chez nous, mais les professionnels évidemment en connaissent d'autres. Ma gastronomie ne va pas au-delà d'une certaine appréciation, dans l'ordre des vins et des mets. Le reste appartient à nos chefs et cordons bleus.

Il y a, j'ose le dire, un lyrisme culinaire dont les images ennoblissent parfois le boire et le manger, fussent-ils les plus délicats du monde. Aussi, vais-je me permettre de vous présenter ici, non pas un menu, mais un *intérieur d'auberge :*

Au dehors le brouillard nous happait à la gorge,
Ma cuisine, au-dedans, flambait comme une forge.
Aux cendres du foyer le pot-au-feu normand
Sommeillait comme un juste et ronflait en dormant;
L'os mazôme quittait tout doucement la moëlle,
Les rognons affolés frétillaient dans la poële;
Palpitant, crépitant et crevant sur le gril,
Les boudins sifflaient mieux que merles en avril,
Les tripes sanglotaient tout bas dans leurs terrines,
Des fumets nourrissants montaient dans les narines;
Le gigot se vautrait sur les oignons confits,
Les poulets écrasaient leurs lits de salsifis
Et les doux ris de veau, couchés dans leurs coquilles,
Semblaient en mijotant, caresser les morilles.

Je dédie, Monsieur le Président, ces alexandrins fraternels à tous ceux qui prendront part aux manifestations gastronomiques du *Salon d'Automne.*

Bien vôtre en Comus et tout votre en Apollon.

Paul HAREL

# MATTES, MACARONS ET AULTRES FRIANDISES DE ROUEN

DÈS 1270, Saint-Louis dota les pâtissiers-oublayeurs d'un statut réglementant la profession et les autorisant à battre enseigne, après avoir justifié de leur qualité d'artisan oublayeur. Ces statuts eurent force de loi jusqu'en 1790 ou fût décrétée la liberté du commerce et de l'industrie. La pâtisserie a donc acquis depuis près de 700 ans le droit de cité; elle n'a cessé de se perfectionner et recrute maintenant sa clientèle dans toutes les classes de la société, elle occupe près de 80.000 ouvriers et vendeuses, et 20.000 commerçants patentés, on peut donc en conclure que la pâtisserie est vraiment d'essence française et forme une corporation bien distincte qui ne se rattache en rien à la boulangerie, ni à la biscuiterie.

Comme pâtissier régionaliste nous allons si vous le voulez bien passer en revue quelques-unes de nos vieilles coutumes et vieilles spécialités Rouennaises. Au XVII^e^ siècle, la rive gauche de la Seine en face de Rouen, était bordée de grandes prairies qui s'étendaient presqu'en bordure de la forêt de Rouvray, la commune de Sotteville tant par sa situation au milieu des dites prairies, que par son débouché facile de tous ses produits de laitage avait vu naître quantités de fermes. Pendant la belle saison, les rouennais se rendaient volontiers sur place pour y déguster dans les différentes guinguettes le lait de mai, les Mattes et la fameuse crème de Sotteville dont la renommée fit le tour de la France.

Cette crème était obtenue d'une façon aussi simple que rudimentaire, qui consistait à exposer les jarres contenant la traite du soir devant l'âtre, et les cendres chaudes au matin la fermière pouvait recueillir, dans de petites assiettes profondes, toute la crème montée pendant la nuit, cette crème était d'une belle couleur jaune tenant le milieu entre le beurre et la crème.

A cette époque on ne reculait pas devant le voyage pour aller manger la crème de Sotteville et les fromages à la crème qui y étaient fabriqués. Le projet du nouveau Pont fit dire à l'auteur de l'époque dans sa Muse normande.

*Dehors su pont, aller en un monchel*
*Terquer les Mattes avec le Cheminel,*

les Chemineaux comme on les appellent, encore une vieille

spécialité locale dont nous reparlerons dans un prochain article. Corneille lui-même nous parle de ces délicieuses dinettes champètre ou on y dégustait fraîches Mattes et crème de Sotteville. La délicieuse crème, mais elle faisait les délices, non seulement des purs rouennais, mais aussi des touristes, des visiteurs, c'était une friandise locale, comme le sucre de pomme, comme les biscuits et les *macarons de la porte du Bac,* friandise de collation, la crème de Sotteville n'en figurait pas moins dans les grands repas solennels ou elle tenait sa place dans les desserts, au milieu de toutes les sucreries dont se composait le dernier service.

Elle était devenu tellement à la mode, cette crème de Sotteville, que sa réputation s'en répandit jusqu'à le cour de Louis XV, qui tous les ans, faisant venir de Montigny, quelque tonnes de cidre, pour la Pompadour, voulut aussi goûter la crème tant vantée, fit venir à Versailles des vaches et une fermière de Sotteville, mais rien n'y fit, et l'essai ne réussit pas, ce qu'il n'avait pu transporter à Versailles, c'était l'air pur et humide des bords de la Seine, qui rendent si verdoyantes et si plantureuse nos prairies normandes. Cet essai nous a valu cependant du chansonnier Olivier Ferrand ce dialogue amusant entre l'auteur et un maçon, publié dans un petit opuscule intitulé *L'Assemblée de Sotteville*

L'AUTEUR

*A Paris ils voulaient imiter ce village,*
*Pour avoir dans leurs murs ce même bon fromage,*
*Ils n'ont pu parvenir au but de leur envie.*

LE MAÇON

*Pourquoi n'aurait-on pas transporté la prairie?*

L'AUTEUR

*On aura jamais vu au temps de Saint-Ignace*
*Un herbage et un pré pouvoir changer de place.*

De la renommée de la crème de Sotteville naquit le mirliton fameux, le mirliton de Rouen qui jusqu'en 1905, époque ou disparut la crème de Sotteville, était confectionné à base de cette crème, d'œufs battus et légèrement parfumés de fleur d'oranger.

La rénommée du mirliton fut grande et justifiée, car c'est toujours un excellent gâteau, sous réserve que la crème de Sotteville y soit remplacée par une bonne crème double bien épaisse, encore une bonne spécialité locale, trop peu connue des touristes, amateurs de bonnes choses.

R. MENG,

*Membre actif des Gastronomes régionali stes*

# GOURMANDISES BEAUCERONNES ET SOLOGNOTES

ON soit que l'on dernier sous l'énergique impulsion de notre confrère M. le Comte A. DE CROZE, une section gastronomique, dite du *Neuvième Art* fut ouverte au Salon d'Automne, au Grand Palais, à Paris. De nombreux visiteurs allèrent déguster les menus régionalistes que préparaient les chefs les plus réputés de nos provinces. Cette année, M. de Croze se propose de recommencer son heureuse expérience et il a demandé à un certain nombre d'écrivains régionalistes de lui envoyer une page sur les spécialités de leur pays. Notre collaborateur et ami Hubert-Fillay, président de l'Ecole de la Loire, a été chargé de traiter au LIVRE D'OR de la Gastronomie française le chapitre : *Gourmandises beauceronnes et solognotes.* Voici la page que M. Hubert Fillay a envoyée à M. de Croze :

« Les friandises de la Sologne et de la Beauce ! . . . Mais elles s'en vont, elles sont disparues déjà et seules, quelques vieilles grands'mères soucieuses de gâter leurs petits enfants conservent les recettes du passé.

« Vous trouverez encore à Blois, dans les bons hôtels et restaurants, la précieuse crème de Saint-Gervais, qui bien fraîche, servie glacée, s'allie harmonieusement avec les petites fraises des bois. Un soupçon de kirsch, un nuage de sucre en poudre et voilà une friandise délicieuse.

« La crème de Saint-Gervais ne peut être consommée que sur place; c'est-à-dire à Blois, où les laitières l'apportent chaque matin.

« Il y avait, il y a encore à Blois, des gâteaux secs : croquets aux noisettes et aux amandes, dignes d'une mention au palmarès de la gourmandise française. On a conservé la recette du pain d'épices naturel, ou rehaussé d'angélique ou de fruits confits. Les nonnettes sont toujours réputées. Houdayer les réussit très bien à ce qu'affirment mes deux petites filles. . .

« A la campagne, on fabriquait jadis, à Bracieux, à Neung des « Aristocrates », gateaux à base de blancs d'œufs et d'amandes, que les écoliers aimaient autant que les « *collants* ». Ceux-ci étaient faits avec de la mélasse et des noix hachées. C'était poisseux, pas très ragoûtant et pas bien fin; mais les gosses se les disputaient, qu'ils soient présentés en des cornets ou sur des carrés de papier pas très propre.

« Nous arrivons ainsi à la confiserie, si l'on peut comparer l'art exquis de nos maîtres d'aujourd'hui aux pratiques un peu frustes des marchands de guimauve ou de bonbons du temps passé; tels qu'on les voyait aux foires ou aux assemblées du Val de Loire. . .

« A Blois, on vend toujours d'excellent réglisse : pâtes, bonbons, etc. . . chez Duguet qui réussit fort bien ses fabrications.

« Les apiculteurs se sont mis à tirer parti du miel qu'ils récoltent. Avec le pain d'épices savoureux qu'ils produisent, il serait injuste de ne pas signaler les pastilles et autres bonnes choses qu'ils nous offrent.

« La Chocolaterie Poulain, la Biscuiterie Poulain, les Confiseries Soubré, Mauvy, n'ont rien à envier aux industries les plus modernes. A Blois, chacun reconnait que les pâtisseries Arena, Lefort, Florin, réussissent admirablement leurs gâteaux; leurs petits fours sont. . . définitifs. A Montoire, nous avons dégusté d'excellentes choses. . .

« Mais nous voici loin des tartes de l'Hôtel Tatin, à Lamotte-Beuvron, des poires glacées de la maman Soupiron à Bracieux; de ces solides beignets, de ces crêpes, de ces rondeaux, de ces pets de nonne et autres gourmandises que l'on cuisait jadis dans la graisse . . . et qui régalaient les moutards de mon pays à la Chandeleur, au Mardi-Gras, à la Mi-Carême. . .

« Puisque je vous dis que tout s'en va et qu'il ne restera bientôt que des artistes, des gens qui restent toujours jeunes pour se souvenir encore. . . »

Hubert FILLAY,

président de l'Ecole de la Loire.

(Fédération des Artistes du Val de la Loire.)

# L'ANGEVIN A TABLE

DIS-MOI ce que tu manges... Les trois quarts des proverbes sont faux, étant nés du sens commun. Celui-ci est fort exact. Les arts ont toujours quelque rapport avec la figure du paysage qui les voit éclore et avec le caractère des habitants. Mais le neuvième art par dessus tous les autres.

La cuisine angevine est le miroir de l'Anjou. Il en est de plus pittoresques, de plus singulières, de plus vivement colorées, de plus puissantes, de plus épiques, il n'en est guère de plus fines et de plus mesurées. A vrai dire, cette cuisine est dans ses grandes lignes la même que celle de l'Ile de France ou de la Touraine, du Valois ou du Perche, de la Champagne ou du Vexin elle se rattache à ce vaste ensemble que les géographes appellent le bassin parisien, où règne une cuisine qu'on a peut-être le droit d'appeler proprement « française » et qui forme, comme la littérature de cette même région, une merveille de goût et d'équilibre. Son originalité (il en va de même pour chaque partie du beau domaine culinaire : voyez le dessus l'incomparable voyage gastronomique de Rouff et de Curnonsky) se marque par des nuances.

Pas la Couleur, rien que la Nuance.

Mais cela suffit et en art les nuances sont tout. Elles font le charme, par exemple, des moelleux crèmets d'Angers ou des suaves brochets au beurre blanc, ce chef-d'œuvre de délicatesse, mais qui exige une main sûre et qu'un rien suffit à gâter. N'y voyez vous pas, mêlé à cette finesse et à cette mesure dont j'ai parlé, une certaine mollesse fort agréable (je prend mollesse au meilleur sens du mot), un caractère doucement musical, paisiblement mélodieux ; et cela ne s'accorde-t-il pas assez bien avec la souriante indolence de notre Loire voluptueuse et l'aimable ironie de nos ciels tendres, légers et floconneux. Car tout cela s'unit pour composer une cadence parfaite ou toutes les notes se fondent harmonieusement.

Et nos vins, fils de notre sol aimable et de notre charmant soleil... Ils sont l'Anjou même devenu breuvage. Nous ne cultivons pas beaucoup le genre sublime dans notre jolie province. Nous craignons trop le ridicule ou la faute de goût, qui malheureusement accompagnent quelquefois les envolées du génie. Nous n'aimons pas d'un amour exagéré soit l'éloquence déchaînée ou le lyrisme impétueux. Vous ne trouverez donc en nos vins merveilleux ni la chaude éloquence d'un grand Bourgogne ni le lyrisme profond d'un Sauternes royal. Notre meilleur poète, et qui nous est cher, est l'aimable, le fin, le spirituel, le nuancé du Bellay : j'estime (et tous nos compatriotes avec moi, j'en suis sûr) que ces qualités charmantes valent des qualités plus sublimes, et si Ronsard est plus puissant, je ne mets, pour cette raison du Bellay au-dessus de Ronsard... Ainsi de nos vins. Admirez comme ils concilient, avec un tact et une sûreté vraiment extraordinaires, d'une part, l'esprit, la vivacité, la malice même (sans amertume et sans envie), la clarté de l'intelligence, et d'autre part, grâce à leur saveur moelleuse et sucrée, cette gracieuse indolence (sans lourdeur, ni torpeur...), cette musique caressante, charmeuse (ne s'alanguisssant point à l'excès), qui de nouveau rappelle notre Loire souveraine et douce. Bonhomie et subtilité, ironie et indulgence, sagesse délicieuse et intelligente. Point de mollesse trop grande, point de sécheresse trop accusée. Des qualités qui se balancent, se corrigent l'une l'autre et ne se transmuent point en défauts. Voilà, si j'en juge par les meilleurs exemplaires de notre « race », — le caractère de l'Anjou. Et voilà le caractère de notre vin. Ah ! que ce vin est français... Voilà aussi le caractère de notre cuisine, et, pour n'oublier point ces produits succulents et renommés du val de Loire, celui même de nos fruits et légumes...

Il est clair que cette aptitude à saisir les nuances, ce sentiment de la mesure, cette promptitude à déceler le manque de goût et le ridicule, cet esprit critique et cette indulgente ironie prédisposent les Angevins à devenir d'excellents critiques culinaires.

D'ailleurs, quand je parle de nuance et de mesure, aucun de mes lecteurs, tous si avertis, ne prendra le change. Je l'ai marqué déjà et il faudrait être Béotien pour s'y tromper. Cela ne signifie pas, encore une fois, que l'Anjou et l'Angevin manquent de saveur et d'originalité. Bonne race, honnête et saine, du vieux sol français, les gars d'Anjou ignorent la mièvrerie. « La douceur angevine », rien n'est plus véritable, mais il y a une façon de l'entendre qui exaspère à juste titre notre ami Marc Leclerc : ses chansons et *rimiaux*, si véritablement angevins, sont ici la meilleure des démonstrations. Le vin d'Anjou n'est pas de l'eau tiède.

On s'en aperçoit aisément pour peu qu'ignorant ou imprudent, on se laisse trop enjôler par sa voix séductrice. Je ne jurerais pas que chez l'angevin même, amoureux de la mesure, la mesure ne soit à cet égard quelquefois dépassée. Mais en général nous n'ignorons point que l'excès, réprouvé par la morale, l'est aussi par la gastronomie, car il nous enlève la faculté même du savant et subtil discernement, qualité indispensable à l'amateur raffiné, don suprême du critique ès plats et breuvages. Mais les angevins ont en la matière, si je ne m'abuse et ne tombe dans le chauvinisme local, certains privilèges naturels. On les appelle quelquefois *sacavins*. Ne croyez pas... Cela veut dire seulement que le ciel leur a donné cette faveur de boire noblement, copieusement, longuement, abondamment, amplement, sans en ressentir aucun dommage. Aussi ne se fâchent-ils point (ils sont gens trop fins et trop ironiques), et se flattent-ils, au contraire, du surnom que j'ai dit. Un curé de mon pays, sermonnant ses ouailles sur le péché de gourmandise, concluait par cette éloquente péroraison : « Ainsi, mes frères, évitons les excès. D'ailleurs, la capacité varie avec les tempéraments. Que chacun s'observe et se consulte. Moi, je peux porter huit litres. Mais je ne sais pas si tout le monde est comme moi ».

Je souhaite à tous, mes lecteurs, de porter huit litres. Mais surtout je leur souhaite de porter huit litres d'un excellent vin d'Anjou.

Maurice BRILLANT.

# LES BONS COINS DU PAYS NANTAIS

La terre du comté nantais qui a formé le département de la Loire-Inférieure, est généreuse et féconde ; et les produits du sol, que la Loire aux eaux bleues séparée en deux parties, ont une saveur particulière. Légumes et fruits sont réputés à juste titre. On l'a bien vu en août 1914, lorsque l'expédition des primeurs en Angleterre fut suspendue, jamais dans notre ville on n'avait encore mangé de si beaux fruits ! car, c'est un fait qui n'est pas spécial à notre région : Dans le pays de production, c'est au dehors, ou bien à l'étranger où on les expédie, qu'on mange les plus beaux spécimens, les exemplaires sans défaut, les sujets hors concours, les produits de choix. Chacun a son amour-propre, n'est-il pas vrai, et son orgueil régionaliste ?

On a dit que la Touraine était le jardin de la France, soit ! Je ne conteste pas les mérites d'une province amie. Mais la région Nantaise est le verger de notre sol national.

Sur tous les produits du sol, la vigne a le premier pas. Elle produit de bon crus Nantais dont le Muscadet est le plus illustre, par ses origines, son ancienneté, sa supériorité rayonnante et l'effet irrésistible que son bouquet exerce sur le cerveau de nos concitoyens, leurs invités, leurs hôtes et leurs amis. Le Muscadet est roi à Nantes. Dans quelque temps, il aura fait la conquête de Paris. Je ne veux pour preuve que l'activité déployée dans la capitale par l'Association amicale des Nantais de Paris : « Le Muscadet », qui compte dans son sein des personnalités comme : le président Aristide Briand, l'ancien Ministre Guist'hau, le député-maire Bellamy, président des Maires de France et autres puissants seigneurs de la troisième république.

On écrirait un livre sur le Muscadet et je m'étonne qu'on n'y ait pas songé jusqu'à ce jour. Car notre vin a ses lettres de noblesse, ses hauts privilèges. Sa réputation remonte aux premiers siècles. Je laisse au Midi gascon le soin de prétendre que, au sortir de l'arche, c'est sur le sol girondin que Noé planta le premier cep de vigne.

A Nantes, nous sommes plus modestes. Il nous suffit de savoir que, dans le passé, les Trois ordres de la noblesse, du clergé et du Tiers-Etat rendirent hommage à sa saveur. Ouvrez, par exemple, les registres paroissiaux de la région de Vallet. Entre l'inscription des naissances, des mariages et des décès, vous trouverez des mentions comme celle-ci : Cette année (ici un millésime), la récolte du vin a été magnifique et abondante ; et la qualité en a justifié le haut prix ». Ainsi le Muscadet faisait l'objet des préoccupations sacerdotales des curés de l'époque. C'est admirable ! et quasi miraculeux ! Je pourrais citer maintes anecdotes savoureuses sur le vin Nantais. Cela m'entraînerait trop loin ; et je veux faire une place au blanc-manger de la Loire-Inférieure.

***

Autour de Nantes, il existe des auberges où l'on déguste certaines spécialités : par exemple : la charcuterie à Vertou, les fritures de poissons à Trentemoult et sur la côte Saint-Sébastien ; les grenouilles à Basse-Goulaine ; le beurre blanc chez Clémence, à la Chebuette ; toutes préparations que le Muscadet arrose de son jus divin et parfumé.

Les excursions sur la Loire, l'Erdre ou la Sèvre Nantaise fournissent au touriste l'occasion de découvrir la petite maison, la bonne auberge où chacun sera bien traité et convenablement servi.

Nantes possède aussi quelques bonnes tables où la chère est succulente. Nos amis et bons maîtres ès-sciences gastronomiques : Curnonsky et Marcel Rouff en ont indiqué quelques unes, dans leurs guides des merveilles culinaires et des bonnes auberges françaises. J'y renvoie simplement le lecteur. Il ne saurait, en notre temps, découvrir meilleure référence ni remettre le soin de son estomac à des compétences plus parfaites.

Pourtant, je voudrais combler une lacune et parler d'une création nantaise récente, une innovation plutôt, dont nos amis, si je ne m'abuse, n'ont pas eu à s'occuper en leur consciencieux pélerinage. Mais ceci est toute une histoire. La voici en quelques mots.

Pendant la guerre, un château de la renaissance, situé sur le territoire de la commune de Bouaye, à une douzaine de kilomètres de Nantes et à deux kilomètres à peine du lac de Grandlieu, – était à vendre. L'édifice réclamait des réparations et personne ne se décidait à acquérir cette jolie et coquette construction de bon style avec de hauts pavillons d'ardoise et la fine décoration de sa façade.

Un Parisien, de Montmartre passa. Il vit le château, l'acheta et s'employa à le restaurer, à le meubler pour l'habiter avec sa femme et sa fille. C'était M. Janning, esprit hardi, homme d'action, et d'initiative audacieuse. M. Janning est par surcroît un homme de goût. Il possède une âme d'assemblier, de décorateur ; et son château du Bois de la Noë devint bientôt une résidence agréable, artistement meublée.

C'est à ce moment surtout que l'imprévu commence, M. Janning se fit cuisinier. Il agença une laiterie et un pavillon dans lesquels il reçut ses hôtes et où il leur servit de fins et somptueux repas, préparés par ses soins et ceux de Mme et Mlle Janning avec une recherche dans les menus qui témoigne d'une originalité égale à celle que le châtelaincuisinier apportait dans le choix et l'arrangement du mobilier du château.

Le Bois de la Noë est d'avance une attraction régionale. M. Janning — c'est tout dire — fait partie de la section Nantaise des Gastronomes régionalistes.

Après le château, et sa table recherchés, le voyageur aimera découvrir, au cours d'une pittoresque excursion, la petite maison ou l'hôtel modeste, dans lesquels l'accueil des hôtes est courtois et la cuisine confortable et où les mets sont apprêtés, non pas selon les règles d'un art compliqué, mais suivant les commandements de la tradition bourgeoise Française.

Je n'ai pas la prétention de donner ici un inventaire, ni de proclamer un palmarès. J'indiquerai seulement quelques endroits, où l'on mange de façon satisfaisante.

A l'Hôtel du Centre, sur la petite plage des Moutiers — en Retz, à Guérande, à l'Hôtel des princes — on dit communément là-bas, chez le prince et la princesse ! Le pays a gardé, comme l'on voit, les anciennes coutumes monarchiques. A la Roche-Bernard ; chez cette excellente Mme Halgan ; qui confectionne la cuisine au beurre comme nulle autre part en Bretagne. A certains jours, j'ai vu cent baigneurs de la Baule, — parmi les plus huppés ! — venir déjeuner chez elle pour déguster certaine omelette dont elle n'a livré le secret à personne. On m'objectera peut-être que la Roche-Bernard est située dans le Morbihan. Soit. Mais la pittoresque petite ville et son pont fameux ont, jusqu'à la Révolution de 1789, fait partie intégrante de l'ancien comté Nantais ; et le curé-doyen de la Roche-Bernard avait la prééminence ecclésiastique qui lui permettait de marcher immédiatement après l'évêque de Nantes. A Blain, à l'Hôtel de la Gare, on trouve toujours une table abondante et saine. De même à Châteaubriant, célèbre par son vieux château, ses minerais de fer, et son angélique confite ; on dîne bien à l'Hôtel du Commerce. Je m'y suis trouvé au printemps dernier, un soir, où la ville était prise d'assaut par plusieurs milliers de personnes, qui étaient venues entendre le président Aristide Briand prononcer un des plus beaux et vibrants discours de sa campagne électorale. Malgré cette affluence extraordinaire, nous avons fait mes amis et moi, à l'hôtel du Commerce, un excellent repas.

J'arrête cette nomenclature affriolante. J'en ai dit assez pour que les touristes qui visitent notre région aient, avec les points de repères que je leur ai fournis, l'assurance de ne pas mourir de faim ; mieux, d'être traités, comme on l'était jadis dans les bonnes auberges de France ; comme on doit l'être demain, dans les maisons honnêtes, consciencieuses qui ont le soin de leur réputation personnelle, du bon renom de leur petite patrie, et qui apportent à la glorification du IXe art, la Gastronomie, leur talent, leur probité, leur conscience professionnelle et un admirable dévouement.

J. Taillendeau du Montrut

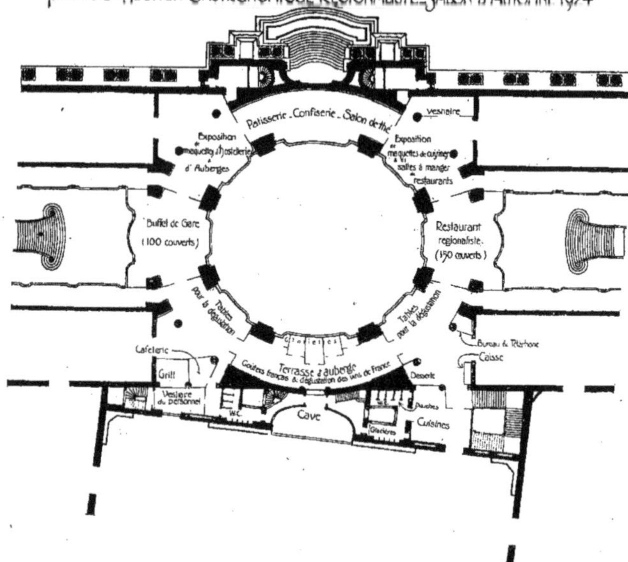

# TRADITIONNELLE GASTRONOMIE DE LA TOURAINE

## 1° LES ALIMENTS

*Rillons* et *Rillettes.* — Les Rillons et Rillettes sont faits de viande de porc, gras et maigre, coupée en morceaux et cuite dans une chaudière, jusqu'à ce qu'elle soit dorée. Ce sont les *Rillons.*

On en prend une partie qu'on hache très fin et qu'on remet au feu, un instant. Ce sont les *Rillettes.* Pour les conserver on les met en pot. La graisse qui remonte dessus fige et les conserve.

Dans le commerce on ajoute à cette *viande hachée* de la *mie de pain.* De là vient l'expression qualifiant les rillettes inférieures : *Rillettes de mie de pain.*

*Jeu de mots campagnard.* — Quand beaucoup d'enfants *rient* ensemble, ils disent : *Rillons, Rillettes.*

Les *Rillons* et les *Rillettes* se nomment traditionnellement : *Grillons et Grillettes.*

*Rillettes d'oie.* — Ces rillettes sont confectionnées de la même façon que les rillettes de porc.

*Viandes.* — Le *boudin blanc* est composé de porc haché, et de mie de pain trempée dans du lait et dans des œufs.

Le *gigot de chèvre* est très prisé dans le *Lochois.*

*Volailles.* — Dans le *Lochois* où abondent les belles basses-cours, il *est de coutume,* dans quelques fermes, de donner aux « maîtes » une *belle poule à Carnaval.*

*Soupes.* — La *panade.* En Touraine on ne fait la panade qu'avec du pain recuit.

Soupe au vin dite *Rôtie.* Cette *soupe au vin sucré avec du miel* était, autrefois, servie *bien chaude* aux lessiveuses et vendangeurs, le matin, à leur arrivée.

*Le Pain.* — On *ne sale pas le pain en Touraine* ou on le sale très peu. Cette tradition date de l'impôt *de la gabelle.* Sur la rive gauche de la Creuse on sale le pain, en Poitou, car, en Poitou, l'impôt sur le sel n'existait pas.

*Le Pain recuit est long et rond.* Il a la forme des *flûtes* de Paris.

Le *cochelin* était un pain long, fendu par la moitié, que le parrain et la marraine offraient à leur filleul. Jadis les chantiaux des pains bénits étaient ornementés ainsi : un fleuron pour les baptêmes et les mariages, une croix pour les enterrements. Le pain fait la nuit de Noël et bénit ensuite était conservé pendu aux portes des maisons. Il ne pouvait « échenourir ». Celui qui en mangeait ne pouvait pas être mordu par les chiens enragés. Les gens faisant cuire au four des boulangers le pain pétri par eux-mêmes marquaient leurs « paillounées » de pâte avec des fiches en papier à leur nom ou à leur signe. Ces indications étaient en croix, pour préserver le pain de la mauvaise cuisson ou des maléfices. On faisait un signe de croix sur la pâte dans chaque paillounée.

## FROMAGES

Il existe, en Touraine méridionale, des fromages de chèvre assez connus, même à Paris et qui ont des « aspects » traditionnels. Ce sont :

1° Le Sainte-Maure, fromage long, tenu par une paille et roulé, pour être conservé, dans la cendre des « boubines » (javelle de sarments.)

2° Les fromages de Ligueil ronds et penchés, surmontés de petits points formés par « les trous » de la « faiscine ».

3° Les fromages de Loches, qui ont la forme d'une pyramide brusquée.

Les formes diverses des différents fromages traditionnels de la Touraine n'auraient-elles pas leur sens primitif dans les rites anciens d'offrandes aux dieux ?

## VINS

*Bernâche.* — Le vin blanc sortant du pressoir se nomme la *Bernâche.* Traditionnellement, le jour de la tirée on finit le repas en mangeant des marrons et en buvant la *Bernâche.*

*Le Pisse-debout.* — Il est d'usage, entre Luynes et Langeais, de faire le *Pisse-debout* pour les vendanges.

Dans ce but, on récolte, avant de vendanger, une certaine quantité de raisins que l'on met immédiatement cuver. Dès que la cuvaison est faite, on tire le vin qu'on donne à boire aux vendangeurs.

## 2° PATISSERIES ET POURLÈCHERIES

*Cassemuse ou cassemuseau.* — Brioche à la pâte légère dans laquelle on enfermait du fromage frais. Primitivement, le jour de Carnaval, on se jetait ce gâteau à la tête, la pâte crevait et le fromage se collait au museau; de là, le nom « de casse-muse ou casse-museau ». La casse-muse est surtout connue dans la région tourangelle avoisinant le Poitou. Jadis, à Paris, lors de la fête des fous, on se jetait la casse-muse au visage.

*Le Cordé.* — C'est un gâteau composé de pâte à pain trempée légèrement dans du lait. Ce gâteau a la forme d'une corde grossièrement tressée. Les cordés, douze, vingt-quatre, trente-deux ensemble, se tiennent en un bloc de pâte d'où chaque gâteau peut être détaché. Les cordés se vendent aux foires de Loches et de Ligueil.

*La Fouace.* — Il y avait, voici seulement quinze ans, dans tout le Lochois, deux espèces de fouaces; la *fouace beurrée* et la *fouace sèche.* Cette dernière était mangée à Noël. On en cassait le plus possible dans les fermes avant et après la messe de minuit. Quelquefois on en brisait des « paillonnées ».

Les *Fouaces* étaient « marquées » par des instruments traditionnels : 1° par un « dé », terme dont les vieux boulangers tourangeaux se servaient pour désigner un gros clou dont la tête est divisée en petits carrés symétriquement taillés; 2° par une « marque » ayant la forme d'un peigne dont les dents sont assez espacés.

*La fouée.* — C'est une galette composée avec le reste de la pâte ayant servi à faire le pain. On mangeait, voici encore quelque ans, une fouée à chaque fois que « l'on mettait au four. » L'ódeur de fouée cuite, en Touraine, est synonyme de « bonne odeur »; « ça sent la fouée! » c'est-à-dire ; ça sent la cuisine bien faite.

La *galette à l'écume de beurre.* — Quand on fait fondre du beurre, pour le conserver l'hiver, on l'écume, pendant la cuisson. On met ensuite au four une galette dans laquelle entre cette écume, au lieu de beurre frais.

*La galette à la poutie.* — Jadis on faisait une galette avec de la pâte à pain et *de la poutie*. *La poutie* était le résidu ou dépôt formé par l'huile de noix dans ses récipients.

Macarons de Ligueil. — Pour vendre aux foires et principalement aux *assemblées*, deux familles de même origine ont encore, traditionnellement, à Ligueil, la spécialité de faire des macarons renommés. Ces macarons sont fabriqués avec des blancs d'œufs (battus en neige), de la cassonnade et de la fleur d'oranger. Les *macaronniers* prenant la pâte dans une cuiller, étendent les macarons sur une grande feuille de papier et les passent au four. Ces macarons, adhérents au papier, sont destinés à la loterie. Parfois, les macarons sont vendus, mais rarement, et *pour la ville*, sans papier. Les jaunes (d'œufs) inutilisés sont livrés aux ménagères qui, le bol en main et l'argent dans le bol, venaient les quérir à *la fabrique* au prix de un sou les deux jaunes, avant 1914.

*Pain dans la poêle.* — Dans la campagne de la Touraine méridionale, pays d'huile de noix, on ne fait pas encore l'huile à la vapeur. Les noix sont écrasées par une meule qu'actionne un cheval. On met, après écrasement, les noix chauffer « à l'huilerie » dans une immense chaudière afin d'en faire sortir l'huile. Lorsque les noix sont encore dans la chaudière (le récipient était primitivement une grande poêle), l'huilier y trempe des tranches minces de pain. Il tourne et retourne ces tranches pour qu'elles soient bien imprégnées de « crème de noix ». Alors « l'huilier » retire le pain. Il n'y a pas que les tourangeaux d'origine qui aiment à savourer le goût très fin du « pain dans la poêle ».

*La soupe dorée.* — Ce plat est composé de tranches de pain très minces, trempées dans du lait sucré et froid, puis retrempées dans des œufs entiers bien battus. Quand les tranches sont imbibées, on les fait dorer dans la poêle, on sucre et on mange chaud.

*La russerolle ou rousserolle.* — La russerolle est faite avec une pâte à la façon des « pets de nonne ». De cette pâte on forme des boules qu'on jette dans la graisse bouillante. On les sucre. On les mange surtout au Carnaval.

*La rôtie.* — La rôtie est une soupe faite de pain coupé menu et qu'on fait bouillir dans du vin rouge sucré, (autrefois avec du miel).

*Le « miotte ».* — C'est une rôtie faite à froid avec du pain « émietté » dans du vin ou de l'eau sucrée. Ce nom de « miotte » vient sans doute de « émietter ».

Un miot de vin fait avec une pêche, du pain et du sucre, se nomme *chicotle*.

J.-M. Rougé.

---

## Matelotte d'anguille de la Loire à la façon de Touraine

Prenez une belle anguille de la Loire d'environ 700 grammes. Dépouillez et videz avec soin, puis avec des ciseaux faites-lui la barbe. Ensuite tronçonnez votre anguille en morceaux réguliers de 10 centimètres environ.

Mettez ces morceaux dans une casserole avec oignons émincés, ail écrasé, sel, persil, thym, une petite feuille de laurier, quelques grains de poivre concassés.

Arrosez le tout de bon vin de Chinon, cette liqueur si chère à Rabelais, à seul fin que le tout baigne bien. Poussez la cuisson jusqu'à l'ébulition et laissez frissonner sur le coin du fourneau.

D'autre part, préparez avec du bon beurre fin de Bléré ou de la Gitonnière (Indre-et-Loir), un roux blond et léger, mouillez avec votre cuisson ; laissez cuire environ trois quarts d'heure avec parures de champignons. Puis la cuisson terminée, mettez vos tronçons d'anguille dans un sautoir. Versez votre sauce dessus passée au chinois et mise à point avec un bon verre de cognac, et une pointe de Cayenne. Garnir avec champignons tournés, petits oignons glacés et croûtons de pain frit. Persil haché au départ.

H. Boin,
Chefde Cuisine, Hôtel de Nantes, à Tours
Secrétaire de l'Union Amicale des Cuisiniers de Touraine.

## Geline de Touraine Lochoise

Brider une geline de Touraine en entier et la blanchir, au moment de l'ébullition, la rafraîchir, la mettre en braisière avec oignons émincés et bouquet garni, lait et fond de veau, le quart couvert.

Retirer la volaille une fois cuite, réduire de trois quarts de volume la cuisson avec fine champagne, ajouter crème double. Passez cette sauce à la mousseline et monter au beurre.

Napper sur la geline. Se sert en cocotte.

Garniture : champignons tombés au beurre.

Georges Ozeray
Chef de cuisine Grand Hôtel du Faisan, à Tours

## Noisette d'agneau Tourangelle

Prenez de belles noisettes d'agneau de la Colonie de Mettray (Indre-et-Loire).

Faites cuire rosée au sautoir beurre clarifié.

*Garniture*

Moule à Charlotte bien beurré, décoré avec haricots verts cuits au dernier moment. Chemisez d'une bonne farce d'agneau rempli d'une purée de flageolets verts. Refermez le moule avec le reste de la farce d'agneau, pochez au four et démoulez au centre du plat. Déglacez le sautoir avec un bon verre de Marsala, une petite louche de bonne demi-glace ; montez légèrement au beurre, saucez et mettez sur chaque noisette un beau champignon cannelé.

E. Pillault,
Chef de cuisine, Grand Hôtel de l'Univers, Tours
Président de l'Union Amicale des Cuisiniers de Touraine.

## Caneton Saint-Martin de Tours

Un caneton bien en chair, le cuire en vessie de porc dans du bouillon de veau jusqu'à ce qu'il soit fondant.

D'autre part, faire une sauce béarnaise " sans estragon " finie d'un beurre de zeste d'orange, et cuisson de caneton réduite en glace.

Découper et saucer. — Garnir de beaux marrons glacés dans paniers faits avec écorce d'orange.

M. Marie,
Président d'Honneur de l'Amicale Culinaire de Tours.
Chef de cuisine,

# A LA MÉMOIRE D'UN CURÉ GASTRONOME ET BERRICHON

JE m'honore d'avoir eu pour cousin un curé berrichon, que je nommais toujours mon oncle au dessert et que les écrivains de la Vallée Noire, depuis Gabriel Nigond jusqu'à Lapaire en passant par le cher, regretté, joyeux et spirituel Edmond Planchut et par Jacques des Gâchons ont bien connu et peut-être pratiqué. Il s'appelait en français Tonneau et en patois le Pé Touniau. Ce beau nom, il le portait avantageusement, en grand « beuveur », en vrai gourmand et en fin gourmet. Depuis cet abbé Tranchelion, son compatriote, qui fut l'ami et le maître de Rabelais, il n'y eut peut-être pas, dans le diocèse, d'homme d'église plus convaincu de ce fait que le Bon Dieu n'a pas créé les bons plats pour les chiens de berger, mais d'abord pour les chanoines et ensuite pour les fidèles.

Saint homme au demeurant que mon oncle curé, juste sans rigidité au confessionnal, sévère à la cuisine, ardent avec dignité à la salle à manger, mais pieux à la messe et fort éloquent au prône. Il m'initia à la gastronomie et je lui en sus gré. Je me sentais fier d'appartenir à sa parenté, quand je constatais qu'il s'était acquis l'estime de tous ses compatriotes, sans excepter les mécréants, car Raviau, le receveur buraliste, un impie s'il en fut, qui, lorsqu'il avait bu voulait casser la g..... à tous les curés, ne manquait jamais d'ajouter : « sauf au Pé Touniau, qui n'est pas un feignant comme vous, pisqu'il passe à l'octroi dans les quinze barriques de vin par an et pas des plus petites ni des moins bonnes. » Ce critérium d'énergie et de moralité me parait savoureux. Et Jeanvrin, l'homme à la quille de bois, qui pour traverser un " riau ", pique sa quille au milieu, vire du cul et se trouve sur l'autre rive sans s'être mouillé les pieds, Jeanvrin, un autre parpaillot, un jour qu'il se tenait mal sur sa jambe valide, et qu'il avait rencontré le Pé Touniau, sur la route, après l'angélus, s'écria, par manière d'hommage : « V'la l'pé Touniau, faut que j'el'bige ; n'y a qu'la lune qui nous vouet ! » personne donc, dans tout le pays, qui ne sut à quoi s'en tenir sur les mérites de l'abbé Jean Tonneau, ancien professeur au Petit Séminaire, honoré de la mosette et curé de Saint-Chartier, sur la route de La Châtre à Châteauroux! Monseigneur l'Archevêque lui-même en avait ouï parler et trouvant que ce nom de Tonneau devenait trop symbolique, manda à l'abbé qu'il eut à en changer. Et comme mon cousin y semblait attaché :

— Voyons, mon fils, dit l'Archevêque, je réduis le sacrifice à une seule lettre. Mettez un B à la place du T. Pourquoi mon enfant, ne vous appelleriez-vous pas Bonneau ?

— Monseigneur, répondit finement mon cousin, je m'appelle Jean. Songez un peu à ce que je deviendrais ainsi après avoir été Tonneau.

Par là le prélat comprit que le curé était voué, qu'on l'appelât Félix ou Barnabé, à représenter utilement la gastronomie dans le diocèse et il ne s'opposa plus aux desseins de la Providence.

A son école, je pris donc le goût des bonnes choses, au premier rang desquelles je mets la truffe. Or, comme je lui parlais de l'origine de ce tubercule, mon cousin me répondit : « Nous ne savons pas quel est le premier cochon qui inventa la truffe, mais cela importe peu, ne suffit-il pas que nous sachions l'utiliser adroitement et c'est à quoi je m'emploie. » Et un autre jour que je me sentais devenir beaucoup plus intelligent à la fin du flacon qu'au commencement, mon cousin m'encourageait dans la voie spirituelle en me disant : « Qu'importe que tu perdes la tête si tu gardes l'appétit! »

Nul mieux que lui ne pouvait tirer parti de nos petits vins berrichons, qu'il intercalait habilement parmi les grands crus.

> Sancerre, Chavignol, Vasselay, Saint-Amand,
> Qui sont de Haut-Berry,
> Issoudun, Concremiers, Saint-Hilaire et Chabris,
> Qui sont de Bas-Berry.

« Le Chabris va très bien après le potage et le Vasselay avec les écrevisses » prétendait-il. Et j'en rends témoignage!

Mon oncle avait une recette des amourettes de veau à la crême qui en valait bien d'autres. La tenait-il de sa lignée? L'avait-il importé en revenant d'un voyage *extra-muros* ? Peu me chaut! Il l'avait puissamment rendue berrichonne, comme le remarquait un jour son ami, le baron Dorothé de Puis-Froment,

« Solangette, disait-il à la bonne, tu prendras de petits boyaux de dindons ; tu les ratisseras, tu les feras dégorger et et tu souffleras dedans sans les faire éclater. Après quoi, tu hacheras blancs de poulet, lard et tétines de veau, échalottes, poivre et muscade. Tu feras bouillir de la crème et tu rempliras les boyaux, que nous ferons goûter ensuite à M. l'Archiprêtre. » Je ne donne évidemment qu'un schéma bien sec de son bel exposé, oubliant sans doute ce qui fournissait son velours à ce mets subtil, mais au moins j'ai gardé le souvenir de Solangette, ridée et soufflant avec conscience dans les petits boyaux de dindons, sous l'œil attentif et peut-être attendri de mon cousin Tonneau, dans un décor de chaudrons cuivrés et de fourneau émaillé.

Cette grande dignité avec laquelle il professait encore : « Solangette, épluche les queues d'écrevisse ; ôte les petites pattes ; coupe le bout des grosses... » m'inspira le désir d'avoir son portrait devant un plat d'écrevisses. J'en parlai à Fernand Maillaud ; mais, en ce temps là, Maillaud était trop occupé et je n'ai pu me procurer que le portrait des écrevisses, que me peignit un artiste de second ordre. Et l'infériorité scandaleuse de cette nature hélas ! trop morte apparaît d'autant plus que je l'ai placé à côté d'une magnifique coupe de fruits, peinte par Etienne Tournès, qui est, comme on sait, un des plus prestigieux et des plus succulents artistes de salles à manger, justement parce qu'il est aussi fin gourmet que bon peintre.

« En mai, n'oublie jamais que les pigeonneaux sont tendres » me disait en souriant mon cousin. Je crois bien qu'il est mort le mois des pigeonneaux. Ce n'était pas pour lui un beau mois pour mourir, car cette année là il ne connut ni nos gâteaux aux cerises, ni nos crèmes à la châtaigne et on ne sait pas à l'avance quels seront les festins du Paradis. Il n'en fut pas moins stoïque et serein, ayant une foi complète dans le Dieu de la manne et de la multiplication des pains.

Le Pé Touniau m'a légué le seul livre à quoi il tenait, après son bréviaire, un « ménagier », qui est à la fois un ouvrage de morale et un manuel d'économie domestique. Je n'y lis jamais sans émotion des préceptes comme celui-ci, que ma grand'mère connaissait bien : « Avant que ton potage s'aourse et afin qu'il ne s'aourse, remue-le souvent au cul du pot et appuie ta cuyère au fons! » J'y vois aussi des menus anciens en six assiettes :

Première assiette : pastés de pinparneaux.
Deuxième assiette : civé de lièvre et soringue d'anguilles
Tierce assiette : rots de perdrix.
Quarte assiette : oiseaulx de rivière à la dodine.
Quinte assiette : ruissoles au lard lardé.
Sixte assiette : poires et nois pelées.

Et mélancoliquement je songe que, par de doux soirs de printemps, j'ai fredonné tralala sur la route, après avoir bien dîné, chez mon oncle curé, que Dieu garde en l'exquisité de son céleste royaume.

Joseph AGEORGES.

# FRANCHES LIPPÉES BERRICHONNES

*Sancoins, 30 septembre 1924.*

Mon cher ami,

Votre enquête gastronomique me parvient la veille de notre grande foire grasse d'octobre où vont « tomber » près d'un millier de bœufs, vaches, génisses, taures et taurillons, 200 veaux, 500 moutons, 80 porcs, 1.500 nourrains et laitons, 500 paires de poulets, 600 kilos de beurre, 500 douzaines d'œufs, etc... C'est que Sancoins, chef-lieu de canton du département du Cher est un centre agricole de premier ordre et prodigieusement actif. Il doit cette prépondérance à sa situation au milieu des prairies d'embouche et d'élevage, près de la fertile vallée de Germigny, à l'extrême pointe du département, « coincé » pourrait-on dire entre le Nivernais et le Bourbonnais.

Le monde des campagnes voisines et des fermes lointaines, des marchands de bestiaux bourguignons et parisiens, des bouchers orléanais, nivernais, bourbonnais, vont, dès patronminet, s'abattre sur le foirail, à travers la houle blanche des charolais...

Ce pays de Cocagne est aussi un vrai pays de Gargantuas. Pour ne citer qu'un hôtel, le propriétaire de l'*Hôtel Saint-Joseph*, M. Baptiste Bouet, m'a énuméré ce que l'on allait s'empiffrer chez lui, ce jour-là :

50 kilos de poissons, 10 jambons, 5 à 6 boisseaux de pommes de terre, 150 fromages de chèvre, 60 poulets, 70 kilos de pain, un tombereau de salade, etc... Ne croirait-on pas lire le chapitre des victuailles qu'engloutissait dans un seul repas le fils de Gargamelle et de Grangousier ?

Le géant qui traversa notre Berry, (les tumuli qui se dressent çà et là dans nos plaines, ne sont rien moins que « dépattures » de ses chaussures) ce géant et même seulement un Balthasar Grimod de la Reynière (gentilhomme du début du XIXe siècle, dont les armoiries étaient ornées d'un cervelas sur champ de gueules, et qui se faisait servir sept chapons rôtis chaque fois qu'il allait souper dans nos auberges berruyères,) ces gastronomes formidables et immortels, auraient de fameuses notes à payer aujourd'hui !

Le jeune chef de *l'hôtel Saint-Joseph*, Maurice Chenu, a conservé les bonnes traditions culinaires. Il va confectionner à nos « culs-terreux » qui ne se contentent plus de racines comme au temps de La Bruyère, des fricassées de poulets et des pommes à la Mère Catherine dont ils sont particulièrement friands. Il réserve son art délicat, ses vieilles recettes dont un maître avisé lui légua le secret, pour les « gueules fines », les gourmets de nos grands clubs touristiques que leurs randonnées en auto ou quelque villégiature balnéaire font passer devant la façade aguichante de l'hôtel.

Récemment, mon ami Pierre Armingeat du Club des Cents, de retour avec sa charmante femme d'une saison à Châtel-Guyon, vint dîner avec nous. Le menu fut simple mais d'un choix bien berrichon : Potage perlé à la citrouille, carpe gratinée des étangs Bernot, épinards fouettés à la crème, poulets « en barbouille » (poulet au sang) fromage de bique de Chavignol, duchesses fondantes du verger, vin blanc fumé de Quincy. Une bonne pipe, quelques croustillantes histoires comme on en contait jadis, qui déchaînent la belle gaîté sonore du Gaulois et ainsi, sans parler politique, sans médire de son prochain, sans faire de tort... même à son estomac, la vie coule en Berry, paisible, délectable, transparente comme l'eau de la jolie rivière du Cher. Si les ambassadeurs des nations à Genève avaient notre mentalité, notre digestion et nos menus, en vérité je vous le dis, la paix du monde ne serait plus un leurre !

Votre
Hugues LAPAIRE.

# LE LIMOUSIN A TABLE

PAYS d'élevage d'animaux de boucherie, le Limousin offre des prés verts arrosés par des eaux abondantes, particulièrement favorables à la nourriture des bovins sélectionnés en une race spéciale dite race limousine, dont la fine chair fait les délices des gourmets amoureux des mets de résistance. Les ovins de la même région puisent dans le suc des bruyères des montagnes du plateau de Millevache, une saveur caractéristique et délicate. Que de moutons limousins sont mangés sous le vocable de prèssalés !

Résigné, le Limousin ne réclame point contre cet abus. Il maintient sa réputation de grand élevage et c'est sa gloire de fournir de ses succulents produits, les tables de Paris, de Lyon et de Provence.

Dans nos eaux murmurantes qui dévalent en torrents des hauteurs du plateau en deux chemins, l'un qui est le bassin de la Loire, l'autre qui est le bassin de la Garonne, la truite est capturée à foison.

Il est facile de s'imaginer ce qu'un Limousin tire de satisfaction avec les gigots et les épaules et les entrecôtes de ses moutons; les bifteacks et les rumsteacks de ses bœufs ; la chair rose des truites de ses rivières, des carpes de ses étangs et des écrevisses de ses ruisselets.

L'homme sensible à la gastronomie trouve chez nous les éléments d'une cuisine exquise. Aux plats de résistance des grosses pièces, il faut ajouter les chapons et les poulardes engraissés, les oies lourdes qui donnent dans le Bas-Limousin surtout des foies onctueux ; le gibier de nos guérets, lièvre, et perdrix rouge.

Parlerons-nous des condiments que fournit notre sol : de la truffe limousine de la région de Meyssac, noire et parfumée, des cèpes roux et des oronges vermeilles. A la vérité, le Limousin à table ne s'embête pas.

Comme preuve de la richesse de notre cuisine, nous donnerons deux idées seulement, deux conseils, faciles à réaliser.

*Lièvre en Chabessal. — (Lièvre à la Royale).* — Prenez un beau lièvre de nos landes, pesant de 5 à 6 livres, tué assez proprement pour n'avoir pas perdu de sang. Dépouillez-le et videz-le. Mettez le cœur, le foie, les poumons à part et conservez le sang. Placez votre lièvre (après l'avoir amputé de l'avant-main au ras des épaules, de façon qu'il ne reste que le râble et les cuisses), en tortillon, au fond d'une daubière (grande casserole) préalablement enduite de graisse fine, d'oie si possible), au fond de laquelle vous mettez des bardes de lard sur lesquelles le lièvre doit reposer. Recouvrez celui-ci de nouvelles bardes de lard. Puis ajoutez une carotte coupée en quatre, quatre oignons moyens, piqués d'un clou de girofle; des gousses d'ail et d'échalottes — une vingtaine — un bouquet formé d'une feuille de laurier, d'une brindille de thym et d'un peu de persil. Arrosez le tout d'un bon vinaigre de vin et d'une bouteille, au moins de vin de Bordeaux. Salez et poivrez en conséquence. Puis placez votre daubière sur un feu doux et continu pendant trois heures, en mettant quelques morceaux de charbon incandescents sur le couvercle. Pendant que le lièvre cuit, hachez menu et à part du lard, les viscères du lièvre réservées, des gousses d'ail et d'échalottes, ajoutez-y, si vous voulez, du pain blanc mouillé préalablement, mélangez le tout et arrosez d'un petit verre de cognac. Quand le lièvre est cuit, retirez-le du feu, enlevez-le délicatement de la daubière, débarrassez-le de tous les débris de lard, carottes, oignons, etc., dont il peut être couvert, et placez-le dans un plat. Après quoi, ayant vidé la casserole, vous écrasez avec un pilon, tous ces débris, après les avoir passés, et vous y incorporez votre hachis ; vous délayez le tout avec plusieurs verres de vin chaud et vous le remettez dans la daubière, en plaçant le lièvre dessus. Vous couvrez et remettez au feu, dessus et dessous, très doux. Après une heure et demi environ de nouvelle cuisson, dégraissez et liez votre sauce en y ajoutant le sang du lièvre conservé (le fouetter s'il est coagulé), un quart d'heure avant de servir). Goûtez, ajoutez poivre et sel, s'il est nécessaire, et dressez le lièvre sur un plat en y versant toute la sauce. Mangez alors ce met merveilleux sans couteau.

*Les Champignons.* — Si le Limousin est le pays des châtaignes, il est aussi le pays des champignons (poutareus poutirous). Une rimaille d'un poète campagnard (dialecte de Juillac) les chante ainsi :

Dins lous grands bos de chataigniers
Van la femnas em lours paniers ;
Jus lous aubreis, dins lou brugiers.
Charchen lous poutirous sagners.
Negreis, rousseis, lou campagners.
Se pagaran em beus deniers.
Counfis dins l'oli tout entiers,
Lou boutarem dins dans boutiers,
Per lous bourgeis, per lou rentiers
E per lou braveis mariniers.
Mas n'autreis que sem meinagiers,
Per las saussas, dins lous fougiers
En chapeleis, per lous graniers,
Boutarem seclar lous darniers.

(Dans les grands bois de châtaigniers, vont les femmes avec leurs paniers, sous les arbres dans la bruyère, elles vont cherchant les champignons sains. Noirs jaunes, tous rustiques, ils s'achèteront contre beaux deniers. Confits dans l'huile tout entiers, nous les enfermerons dans des boîtes de fer blanc pour les bourgeois, pour les rentiers, et pour les braves mariniers. Mais nous, qui sommes des économes, pour les sauces, sous le manteau de la cheminée, ou en chapelets au grenier, nous mettrons sécher les derniers).

On accommode les champignons sautés, à la poêle, avec ail et persil, en omelette ou cuits sous la cendre, ou encore à l'étouffée, dans la cloche (cocotte), puis mangés à l'huile et au vinaigre (spécialement les oronges ou coucous); mais la meilleure façon de les préparer est encore de les farcir.

Voici la recette des champignons farcis, plat Limousin s'il en fut :

Prenez de beaux cèpes du Limousin; enlevez le chapeau de la tige, épluchez-le et garnissez-le de hachis fait de viande fraiche de porc et de veau, relevé d'ail, de persil, de poivre et de sel et autres ingrédients. Une fois farcis, vous placez vos champignons dans un plat de terre ou en grès, bien serrés les uns contre les autres, vous répandez sur le tout quelques bourrelets de beurre frais, puis vous mettez au four en ayant soin de recouvrir le plat d'une feuille de papier beurrée ou huilée.

On mêle parfois aux champignons des pommes de terre farcies.

Nous pourrions multiplier les recettes. Il suffit de l'énumération de deux préparations, pour témoiger de la richesse et *du fini*, pourrions-nous dire, de la cuisine Limousine, pour que celle-ci mérite d'emblée une des premières places dans la cuisine Française.

G. Cluzelaud.

Secrétaire de la Fédération des Syndicats d'Initiative « Limousin-Quercy-Périgord »,
Membre de l'Association des Gastronomes-Régionalistes.

# CUISINE ETHIOPIENNE

Je dois avouer que mes « souvenirs gastronomiques de chez moi » sont plutôt vagues, étant parti de mon pays à un âge où on n'apprécie encore qu'imparfaitement les agréments de l'art culinaire. Durant les courtes apparitions que j'ai faites depuis aux Antilles, tout me paraissait curieux et succulent, mais rien n'a arrêté spécialement mon attention de gourmet. Aussi, je suis certain que parmi nos collègues Antillais, vous en trouverez plus d'un qui vantera la cuisine créole avec plus d'autorité que moi. En revanche, il est un pays auquel j'ai consacré mes plus belles années et dont chaque branche de la vie sociale m'est assez bien connue, c'est l'Ethiopie.

Les Ethiopiens ou Abbyssins, prennent leurs repas en commun, sous la présidence du chef de famille ou du prince, seigneur de la province. La maîtresse de maison qui assiste toujours son mari a des prévoyances particulières pour ses invités de marque, notamment pour l'hôte principal qu'elle place à ses côtés. Elle lui prépare des bouchées d'aliments qu'elle lui passe avec grâce et si elle veut mettre le comble à son amabilité elle les lui introduit elle-même dans la bouche.

En certaines circonstances, les repas prennent le caractère de véritables banquets, à la manière gauloise. On y boit, on y mange à satiété et, à la fin, les cerveaux s'étant quelque peu échauffés, il arrive que les convives se battent avec les reliefs du festin. Toujours comme les Gaulois.

A la cour de Ménélick, ces banquets (guébeurs) étaient d'une grande somptuosité : la bière d'orge, (talla) et l'hydromel (tédje) étaient contenus dans d'immenses réservoirs extérieurs et conduits par une tuyauterie à des cuves intérieures, où des servants puisaient comme à des fontaines publiques. On mangeait beaucoup de viandes cuites, notamment des rôtis faits sur la braise de bois d'olivier et arrosés de fiel (appelés tebs) qui ne manquent pas de saveur. Mais le met préféré des Abyssins, celui pour lequel ils consentent tous les sacrifices, le plat national en un mot, c'est la viande crue (brondo) qui s'absorbe avec une sauce au berbéri (piment) tellement forte qu'elle emporte la bouche et dont le feu doit souvent être tempéré par du lait caillé.

Les serviteurs circulent entre les tables portant d'énormes quantités de viande dont chaque convive détache le morceau de son choix. Il l'a taillé mince et long, il en tient une partie entre les arcades dentaires, soutient le reste de la main gauche, tandis que de la droite, d'un coup sec, il tranche sa bouchée au ras des lèvres, avec un couteau bien affilé. C'est un exercice dangereux. Que quelqu'un l'essaie et s'il ne l'enlève pas le bout du nez, je le sacre Abyssin honoraire.

Les Européens se défient d'instinct du brondo, mais ceux qui en ont une fois goûté, y reviennent toujours en affirmant qu'il n'y a rien de plus savoureux.

A l'occasion des grandes solennités annuelles Pâques (Fascica) Noël (Ganna) ou pour la fête nationale (Maskal) le souverain reçoit toute la garnison et tous les soldats des chefs présents dans la capitale. Le banquet est en quelque sorte permanent du dimanche au mercredi ou au vendredi. L'adérache ou salle de réception du palais peut abriter simultanément cinq mille personnes assises et comme il se fait jusqu'à quatre services par jour, c'est environ vingt mille convives que le Négus traite quotidiennement. Aussi, n'est-il pas exagéré qu'en ces circonstances, on abatte jusqu'à quatre et cinq cents bœufs. Les personnes mal averties pourraient attribuer l'engouement des Abyssins pour la viande crue à une survivance de l'anthropophagie. Ce serait une erreur. Si l'anthropophagie a existé en Abyssinie, c'est certainement à une époque préhistorique où elle sévissait sur tout le globe habité, car on n'en trouve aucun vestige au pays des Négus. Un vieillard m'a expliqué que l'usage du brondo tire son origine des guerres religieuses qui désolèrent l'Ethiopie pendant plus d'un siècle. Il fallait éviter les feux qui, la nuit pouvaient renseigner leurs adversaires musulmans sur les positions des troupes abyssines. On se résolut à absorber la nourriture en nature et l'on en prit l'habitude que l'on conserva pour certains mets, dont la chair fraîchement abattue.

La viande crue a naturellement ses inconvénients dans ce pays de vers solitaires et l'on a raison de dire que chaque Abyssin abrite son ténia. Il s'en console en absorbant périodiquement un ténifuge qui diminue ses incommodités, mais il ne renonce pas pour cela à son met de prédilection.

La nature qui, comme on dit, fait toujours bien les choses, a placé le remède à côté du mal. L'Ethiopie est la terre d'élection de la plante appelée Kousso (Brayeraanthelmintica) arbre superbe aux feuilles brillantes à reflet d'argent dont les sommités fleuries constituent l'un des meilleurs remèdes contre le ténia.

Voilà, mon Cher Président, un souvenir un peu long, mais s'il vous intéresse, puisez-y à volonté pour votre recueil et croyez-moi votre dévoué

Dr Vitalien.

# LES PÂTÉS DE PÉRIGUEUX

LE Périgord est, depuis toujours, un pays de Cocagne! Tout y est bon, tout y est beau! Aussi, on s'explique fort bien que notre primitif ancêtre s'y soit installé dès son apparition sur le globe terrestre. Peu de régions, en effet, possèdent autant d'habitants préhistoriques, et l'abondance des reliefs de cuisine qu'on y trouve, témoigne de l'importance et de l'appétit des tribus qui s'y fixèrent.

Plus tard, les Pétrocoriens et leurs vainqueurs les Romains, apprécièrent également le pays et ses innombrables ressources. VESUNNA ou VESONE nom gaulois de Périgueux, a conservé des vestiges importants de son antique splendeur. Les officiers des légions romaines venaient, dit-on, s'y reposer des fatigues de la campagne des Gaules, et ils y introduisirent les raffinements gastronomiques qu'ils tenaient eux-mêmes des Grecs.

Ce préambule n'a pas pour but de faire remonter les pâtés de Périgueux, à une aussi haute antiquité! Nous sommes plus modestes, et nous voulons être plus précis. Nous nous appuierons sur des documents exacts : les Archives municipales de la ville de Périgueux.

Elles citent pour la première fois le nom d'un pâtissier, Marie Raulet, à la fin du XIVe siècle.

Le 15 septembre 1468, elles enregistrent un serment prêté devant le maire et les consuls, par les pâtissiers, ce qui permet de leur attribuer une certaine importance, mais elles ne nous renseignent pas sur le genre de pâtés qu'ils fabriquaient.

S'agit-il déjà des pâtés de perdrix dont la réputation et l'importance devaient être si grandes au XVIIIe siècle ? C'est fort possible, les perdrix ayant été introduites en France vers 1440, par René, roi de Naples qui les apporta de l'Ile de Chio.

Comme nous venons de le dire, c'est surtout au XVIIIe siècle que ces pâtés furent le plus réputés, et le premier pâtissier en renom est Villereynier, car ses pâtés, très goûtés de l'aristocratie, font l'objet d'une correspondance en vers entre la marquise de Lanmary et Mlle de La Roche-sur-Yon, fille du prince de Conti à qui elle envoyait un pâté de perdrix, en 1718.

Les descendants de Villereynier furent aussi réputés que lui. Son fils Pierre est autorisé en 1734 à prendre le titre de « Pâtissier du Roy » et en 1737, est annobli de « Seigneur de la Gâtine ».

En 1745, le fils de ce dernier signe : Allemans de Villereynier. On voit que la bonne pâtisserie peut — ou pouvait mener à la particule, même en y restant!

De 1732 à 1788, la ville eut de nombreux et très importants procès engagés avec des gentilshommes et avec l'Etat, aussi elle fit envoyer aux magistrats et aux puissants du jour une énorme quantité de pâtés de perdrix, pour s'assurer la faveur des uns et la protection des autres. Parmi les noms des destinataires, nous relevons ceux de l'intendant de Bordeaux, Boucher, de son secrétaire Dupin des Léges, de M. de Tourny, de Madame la Dauphine, du Maréchal de Richelieu de M. le comte de Périgord, du Maréchal duc de Mouchy, de Monseigneur de Bertin, etc. etc.

Ces pâtés ne provenaient pas exclusivement des cuisines des Villereynier, mais aussi de celles des traiteurs Jean Charbonnier, Lafon, neveu et continuateur de Villereynier, et de Courtois, le dernier en date, mais le premier en renom.

Quelle était la formule exacte de ces pâtés? Des recherches auxquelles nous nous sommes livré, il résulte qu'elle est sensiblement telle que nous la trouvons dans les divers ouvrages de cuisine de l'époque. C'est ainsi que, notamment les *Soupers de la Cour*, de Menon, le *Manuel des Officiers de Bouche*, la *Cuisinière Bourgeoise* du même auteur, le *Nouveau Cuisinier Roïal et Bourgeois* de Massialot, le *Cuisinier François* de la Varenne, et bien d'autres encore nous initient à la confection de ce mets réputé sous le nom de « Pâté de Périgueux ». Toutefois, nous pensons que nos Vatel périgourdins supprimèrent, dans la composition, les champignons, reste d'une époque où le goût était moins raffiné!

Il y a deux ans, environ, une polémique, très courtoise d'ailleurs fut ouverte au sujet de l'invention des pâtés de foie gras. Une de nos gloires culinaires actuelles, contestait à Clause, cuisinier de M. de Contades, gouverneur militaire de Strasbourg, l'honneur d'avoir, le premier, songé à utiliser les « foies gras » c'est-à-dire ce qu'actuellement on nomme "foies gras" dans la confection des pâtés froids. Il prétendait que depuis longtemps auparavant on employait des foies d'oie, à cet effet, à Périgueux, et il basait cette conviction sur la recette des « Pâtés de Périgueux », telle qu'elle se trouve dans le *Cuisinier Gascon* imprimé à Amsterdam en 1740, alors que l'invention de Clause ne remonterait qu'à 1762, au plus, car son arrivée à Strasbourg date de cette année et il y séjourna jusqu'en 1788. La recette du *Cuisinier Gascon* s'applique à des petits pâtés chauds, et l'auteur de la contestation le reconnaît dans son excellent et très savant ouvrage *La Grande Cuisine illustrée*; seulement, aussitôt après, il ajoute une preuve, à son avis plus concluante que la première. Cette preuve, il la trouve dans la recette publiée dans le *Dictionnaire Portatif de Cuisine*, paru en 1767.

Il y a une vingtaine d'année, nous nous sommes livrés à une étude toute spéciale des truffes et des foies gras, et, ignorant à cette époque-là l'origine du pâté de foie gras, nous avons été très surpris d'apprendre que sa création ne remontait qu'à 1762 — ou environ, — alors que, sachant que les Romains connaissaient l'art d'engraisser les oies, nous nous imaginions que le « foie d'oie gras » avait toujours été utilisé dans la confection des pâtés, notamment dans les pâtés de perdrix!

Stimulé par notre amour-propre de Périgourdin, nous avons fait aussitôt des recherches dans notre bibliothèque gastronomique, et, nous aussi, à première lecture du *Dictionnaire portatif de Cuisine* nous avons cru avoir, en Périgord, l'antériorité sur Strasbourg! Mais nous ne tardâmes pas à déchanter...

Voici la recette du Dictionnaire :

*Pâté de Périgueux.* — Pour deux livres de truffes, mettez douze foies gras, trois livres de panne de porc, persil, ciboules et champignons; hachez le tout. Dressez un pâté de la hauteur qu'il faut, pour y faire entrer votre mixtion ; formez-le de panne hachée, et par-dessus, une tranche de truffes assaisonnées de sel fin et fines épices mêlées, et fines herbes ; ensuite une autre couche de panne par-dessus, une couche de foies gras, assaisonnés comme dessus et de champignons, persil et ciboules ; continuez dans le même ordre jusqu'à ce que le pâté soit fini; couvrez-le tout de bardes de

lard; finissez à l'ordinaire; faites cuire et servez froid pour entremets ».

Il est bien certain qu'à première vue, on peut s'y tromper, mais à la réflexion, la recette nous a paru singulière... Pourquoi douze foies gras ? Un foie d'oie de Strasbourg ou de Périgueux pèse en moyenne 700 à 800 grammes, mettons une livre et demie, pour parler le langage du temps les douze foies font un poids respectable de dix-huit livres. En ajoutant les deux livres de truffes, les trois livres de panne plus trois autres livres pour foncer le pâté et séparer les couches, plus encore le poids de la pâte pour un pâté de cette dimension, on arriverait à un poids total de dix-huit kilos au moins ! Ce serait excessif ! C'est ce que nous nous sommes dit, et nous nous sommes remis à bouquiner nos *Maîtres du XVIII*ᵉ, et nous ne tardâmes pas à trouver le mot de l'énigme : les foies gras dont il est question dans cette recette sont tout bonnement des foies de poulardes ou de chapons! Et la preuve, la voici :

Les *Soupers de la Cour* déjà nommés, au mot *Foies gras*, disent : *les foies de poulardes et ceux de chapons* sont les meilleurs, et ne sont pas secs comme ceux de dinde, etc. « Poussant plus loin nos investigations, nous voyons Beauvilliers, ancien officier de bouche de M. Comte de Provence, plus tard Louis XVIII, dans son *Art du Cuisinier*, paru en 1814, dit, pour la recette des foies gras à la Périgueux. « Prenez sept foies de poulardes », qui soient bien gras, etc. Plus près de nous, Carême, le grand Carême, dans son *Cuisinier Parisien*, édition de 1828, dit pour le *Pain de foie gras sur un socle :* Prenez une livre de foies gras de chapons, etc. « Dans sa troisième édition, 1842, il répète la même formule. Plus près de nous encore, Garlin, dans son *Cuisinier Moderne* (1887) emploie l'application de Foies gras à des foies de poulardes et de chapons.

Pour conclure, nous dirons que le qualificatif de « foies gras » s'applique aux foies de poulardes et de chapons, dans les ouvrages de Cuisine jusqu'à la fin du XVIIIᵉ siècle. Dans la première moitié du XIXᵉ, on continue ce qualificatif aux mêmes foies, en même temps qu'aux foies d'oie, mais en faisant suivre pour ces derniers les mots de "Strasbourg". Et maintenant, foie gras ne s'applique qu'aux foies d'oie et de canard hypertrophiés.

Il n'y a plus de doute possible dans les formules du *Cuisinier Gascon* et du *Dictionnaire Portatif de Cuisine*, il s'agit de foies de poulardes et de chapons. Par conséquent, Clause est bien le génial inventeur de ce met exquis si apprécié des gourmets, et des gourmands !

Périgueux cessa de fabriquer ses Pâtés de perdrix, quand l'usage du foie d'oie se fut mieux répandu, et cela vraisemblablement vers 1845. Les Pâtés de « foies gras » périgourdins possèdent la même réputation que les Pâtés de perdrix disparus temporairement, car ils ont fait leur réapparition il y a une quinzaine d'années, sous le nom de Terrine Courtois mais avec des modifications plus en harmonie avec les goûts actuels, et en remplaçant les « foies gras de poulardes et de chapons » par des foies d'oies.

Les fabricants de ces délicieuses gourmandises, ces *hommes de science de gueule*, comme disait le périgourdin *Montaigne* ont multiplié et varié les préparation du *Foie gras*, en créant les mousses, les crêmes, les ballotines, les parfaits, etc., etc., augmentant encore davantage la renommée gastronomique du Périgord.

Louis DIDON.

SALLE D'AUBERGE section Gastronomique SALON D'AUTOMNE 1924

# LES LANDES GOURMANDES

A l'occasion de la réouverture de la Section Gastronomique du prochain Salon d'Automne, vous avez bien voulu me demander, au nom du Neuvième Art, quelques impressions sur *les Landes gourmandes*, pensant qu'en qualité de Gascon Landais, j'aimerais à rendre hommage à ceux de mes compatriotes gourmets qui gardent encore les savoureuses traditions du pays et de la race.

Aimablement appelé comme témoin dans une affaire si intéressante, je ne saurais me récuser, car il y va de l'une des renommées les plus agréables de notre petite patrie.

Il convient de féliciter et d'encourager les hôteliers et les particuliers qui entretiennent chez nous les qualités gustatives et de nous mettre en garde contre ceux qui, sans conscience, trompent les touristes et les étrangers, en osant baptiser du nom de *garbure* un affreux bouillon de purge où nagent quelques lambeaux de choux à travers des hachures de pain.

Et d'abord les Landes sont elles toujours gourmandes? Moins qu'autrefois pour beaucoup de raisons. Rien ne ressemble plus à la cuisine que la littérature, et la confection des bons plats comme celle des bons livres demande de l'étude, du temps, de l'expérience, de l'invention, je dirai même des habitudes classiques, or, vous savez combien aujourd'hui on fait fi de ces appoints et de leurs apparences. Heureux ceux qui ont encore quelques notions de latin, même de cuisine, on ne veut plus que du français de cuisine.

N'exagérons pas cependant. Il y a toujours quelques maisons landaises, quelques auberges landaises, je ne dis pas hôtels, à part de rares exceptions, qui naturellement, honnêtement, et suivant les pentes de l'instinct, s'appliquent à faire le bonheur de leurs hôtes. Les Landes sont maintenant très riches; la résine fait couler des perles ambrées et nous en félicitions ce pays devenu privilégié. Mais ce n'est pas la fortune qui est conservatrice de la cuisine pas plus que du talent, au contraire. Du temps où le pays de Gascogne était désargenté, qu'il s'agisse des Landes ou des pays limitrophes, les pauvres cadets ou aînés de Gascogne se restreignaient, les toitures n'étaient pas « repassées », le jardin n'était plus entretenu, l'écurie était moins garnie, à la gare on prenait « les dernières », et l'on avait renoncé à toute élégance, mais une chose survivait : la table. La soupe, le chapon frotté d'ail, la *l'daubo* à la mode de Montesquiou, et le " bin bieil, rougé et blan " n'ont jamais succombé. Ils apparaissaient moins souvent, mais ils ne disparaissaient pas et les fêtes locales, le carnaval, les noces et aussi les enterrements ont toujours été d'heureuses occasions d'interrompre la prescription. La pauvreté s'était faite héroïque pour garder la gloire de la table. Souhaitons qu'aujourd'hui la richesse, avec moins d'héroïsme, fasse de même, et que les vieilles recettes ne soient pas perdues par ceux qui ont fait recette. Souhaitons qu'on réprouve un hôte landais qui inscrirait à son menu un banal consommé, une sole frite, un filet de bœuf aux petits pois et une brioche ; il ne servirait pas sa province. Il faut le convertir et lui conseiller d'inventer ou plutôt de retrouver autre chose. « Cher compatriote, lui dirions nous, avez vous oublié les salmis de palombes, les foies de canards panés, les fricandeaux aux mousserons, les pans de saucisses grillées, les estomacs de dinde parfumés à la Périgueux, ou plus simplement à l'échalotte, et tous ces bouillis variés et farcis qu'arrose la tomate et qu'accompagne le piquepout, et surtout la célèbre *couéchou d'auco* ?

C'est là qu'est la vérité, et, si vous voulez y rester fidèle, et présenter avec éclat vos plats, ne parlez pas sur le menu de milanaise et de napolitaine, de brabançonne et de bavaroise, d'York et de Mayence, mais donnez nous le yambou d'Orthez, le lièvre du bois d'Auch, les chapons de Casteljaloux, les cèpes du Catalan et les brochets de l'Adour. Enfin, que le vin soit de la Chalosse ou des côtes du Gers, et qu'après le *pannequet* le café soit poussé par le vin converti, le divin Armagnac à senteur de violette et à goût de pruneaux. »

Ainsi se gardera pour les Landes la réputation de gourmandise, c'est-à-dire de bon goût qui lui amènera de Royan, d'Arcachon, de Biarritz, de Lourdes, de Luchon et même des Flandres et de Bretagne, et même aussi d'Amérique, tous ces visiteurs que ravit la promenade dans la forêt de pins incisés, où brillent l'or des gênets et le rubis mauve des bruyères, et qui, le soir, les yeux grisés de l'immensité des horizons bleus, viennent à la porte de l'auberge basse et y trouvent le repas honnête préfacé, par l'immortelle garbure et servi de « bouno humou ».

Fernand LAUDET.

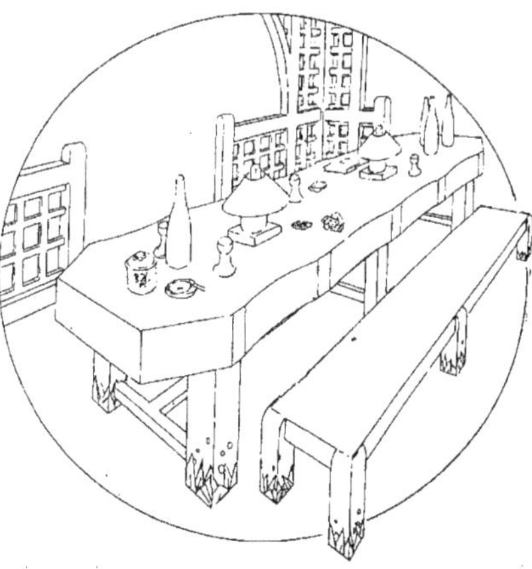

Table de la Terrasse d'Auberge. (Section Gastronomique Régionaliste).

Matériel dessiné par M. Temporal. Exécuté par la Maison Dariel.

# LA GASTRONOMIE ET LE THÉATRE

LORSQUE Gasterea, dixième muse, sortit du cerveau de Brillat-Savarin toute parfumée de thym et couronnée de laurier, elle fut assez froidement accueillie par la majorité absolue de ses aînées, personnes sévères adonnées à de graves études. Mais une minorité de faveur tint à fêter son entrée dans le Bois Sacré : Euterpe, Terpsichore et Thalie furent enthousiastes; Melpomène adoucit pour un temps la rudesse de son abord. C'est qu'en effet pour bien s'esbaudir aux *Fourberies de Scapin* ou à la *Dame de chez Maxime*, pour apprécier le galbe ondulant des jambes qui donnent tant d'attrait à *Coppélia*, pour s'extérioriser et planer dans les espaces supérieurs en écoutant *Pelléas*, et pour supporter avec courage les imprécations de Camille, il faut avoir un estomac satisfait. Parmi les gens qui n'ont pas dîné, il y en a qui achètent des gants, mais ce n'est point pour aller au théâtre. Le bon public est celui qui arrive bien repu, et surtout nourri de choses succulentes et légères. C'est pourquoi les bonnes recettes de cuisine favorisent les belles recettes de théâtre.

Que si certains spectateurs, trop occupés par leurs affaires, n'ont eu le temps que de manger un sandwich arrosé d'un verre de porto ou d'une chope de bière, avant de gagner leur fauteuil, ils n'en seront pas moins bien disposés, parce qu'ils auront formé le dessein de souper. Et le souper, après le théâtre, est un moment exquis. Aussi le soupeur est-il fortifié dans son plaisir ou soutenu dans son ennui par l'espoir de la douzaine d'huîtres, du perdreau froid, voire même de la modeste soupe à l'oignon qui l'attendent à la sortie. La digestion d'un bon dîner et l'approche d'un fin souper concourent ainsi à la bienveillante disposition du « cochon de payant », comme de « l'ayant-droit » qui est venu avec un billet de faveur.

D'une façon générale, le théâtre, par tous les moyens dont il dispose, agit autant sur nos sens que sur notre intellect. On n'y parle que d'amour, et le fameux sixième sens, (découvert lui aussi par l'ingénieux Brillat-Savarin), le sens génésique, s'en trouve davantage éveillé. Il faut bien convenir que la réalisation des plus beaux exploits amoureux est impossible dans une mauvaise condition physique. Et il n'y a pas de condition physique parfaite sans un bon repas. Donc, gastronomie et théâtre s'accordent admirablement pour le bonheur de l'humanité; le Seigneur, de là-haut, considère cet état de choses comme très approuvable, et il sourit, car il se souvient d'avoir dit : *Crescite et multiplicamini*. Evidemment, les couples qui sortent du théâtre n'ont pas pour unique souci le respect de cette loi fondamentale, mais il y a d'heureuses surprises, qui sont tout bénéfice pour le Créateur.

Voilà pour les gens qui emplissent la salle. Mais il y a les acteurs. On sait que sauf de rares exceptions, les comédiens (j'entends par ce terme tous ceux qui paraissent sur une scène, quelle qu'elle soit), vivant dans un milieu propre à développer toutes les sensualités, ne négligent aucune occasion de plaisir. Or, le plaisir de bien manger est parmi les plus accessibles et les plus indiscutables. C'est pourquoi de tout temps, chez nos belles actrices, la gourmandise fut un péché mignon gentiment avoué. Quand on veut être agréable à une artiste à laquelle on a des obligations, on lui envoie des fleurs. Mais souvent on lui est plus agréable encore en lui envoyant des bonbons, ou mieux des bourriches de gibier ou des corbeilles de fruits. Quelques paniers de vins précieux sont acceptés avec des exclamations d'aise. Il n'est pas rare que dans la loge d'une étoile soit discutée la recette d'un plat ancien ou signalée l'apparition d'un mets nouveau. La grande vedette d'un théâtre parisien vante selon ses préférences les grands restaurateurs, et, pour peu qu'elle ait parcouru les provinces, elles vous dira aussi bien que Curnonsky où il faut aller, dans chaque ville lointaine, pour bien dîner, et ce qu'il convient de choisir sur le menu comme sur la carte des vins.

Il y aurait une enquête intéressante à faire auprès de nos grands comédiens, hommes et femmes, pour savoir de chacun quel est son plat préféré; on leur en demanderait en même temps la recette. Soyez assurés qu'étant donné la compétence certaine de ces célébrités, le livre d'or de la Cuisine française s'en trouverait enrichi. Il y a aussi les auteurs, dont beaucoup sont de « bonnes gueules ». Je livre cette idée aux sociétés gastronomiques; elles en tireraient un profit certain. Je me souviens d'avoir mangé, chez une chanteuse d'opérette, une perdrix « cocotte » inoubliable, et dont je n'ai jamais retrouvé la pareille; c'était à la fois inédit et classique, audacieux et traditionnel; rien de neuf dans l'assaisonnement, mais un dosage tel des ingrédients qu'il en résultait quelque chose d'une saveur insoupçonnée.

A tous points de vue, le théâtre sert les intérêts de la grande Cuisine, et cela n'est pas pour en diminuer le prestige.

Léon ABRIC.

# LA GASTRONOMIE ET L'UNIVERSITÉ

Lorsque j'ai reçu de M. Austin de Croze ce sujet de composition : « La Gastronomie devant l'Université », j'ai d'abord été tenté de lui remettre une copie blanche, comme font les candidats à un examen quand ils ignorent tout de la question posée. Je ne vois pas du tout, en effet, quels rapports je pourrais noter entre le Neuvième Art et l'*Alma Mater*, n'ayant gardé de mon passage dans l'Université que des souvenirs, si j'ose dire, antigastronomiques.

Je n'ai pas connu la cuisine de l'internat, mais j'ai assisté à un banquet de la Saint-Charlemagne au Lycée Louis-le-Grand. Le menu n'était certes pas méprisable, mais par quelle aberration ce banquet, fort copieux et très nourrissant, nous fut-il servi à dix heures du matin, l'heure à laquelle les estomacs des forts en thème — tout comme ceux des cancres — ne sont pas encore disposés à absorber le turbot aux pommes de terre, le filet sauce financière, et les autres éléments qui constituent ordinairement ce festin?

A l'Ecole Normale supérieure, la cuisine était, de mon temps, l'objet d'une négligence excessive. L'économe nous assurait que les minces crédits mis à sa disposition ne lui permettaient pas de mieux faire, et le bruit courait que l'argent qui aurait pu servir à nous procurer une nourriture convenable était consacré à acheter des instruments et des substances diverses pour les laboratoires de physique et de chimie. Je ne sais ce qu'il pouvait y avoir de vrai dans cet on-dit, mais je peux assurer que, pendant mes trois ans d'école, les heures des repas n'ont pas été des moments de délices, Il s'en faut! Les croquettes de riz du vendredi, entre autres plats, me font éprouver encore, quand j'y pense, un sentiment d'horreur sacrée.

Le dimanche était particulièrement redoutable, parce que, ce jour là, en vertu d'une tradition dont on ignorait l'origine, les repas étaient fixés à dix heures et à 6 heures. Ainsi nous déjeunions sans appétit, mais vers trois ou quatre heures, nous éprouvions une vraie fringale, et notre journée était complètement désaxée par rapport à celle de nos contemporains, chose fort pénible. Des esprits indépendants osèrent de mon temps s'enquérir de la cause de cet étrange régime. L'administration leur répondit qu'il avait pour but de permettre au personnel de service de profiter plus complètement de son jour de repos, en lui donnant sa liberté plus tôt le soir. Mais les garçons de service, interrogés à leur tour, répondirent que, tout au contraire, leur dimanche était également désorganisé par cet horaire, car, s'ils étaient libres vers onze heures — ce qui ne leur servait pas à grand'chose, ils étaient obligés d'écourter leur après-midi pour revenir à l'Ecole vers cinq heures, — ce qui les gênait beaucoup. Elèves et domestiques se trouvant d'accord pour désirer un régime plus conforme aux habitudes de tout le monde, l'administration décida que le déjeuner serait servi à onze heures et le dîner à sept. Et cette histoire montre que les sociétés les plus intelligentes peuvent être victimes de traditions absurdes, et que l'on supporte indéfiniment sans savoir pourquoi.

Un Normalien qui a fait une belle carrière, M. Edouard Herriot, a écrit dans *Les Normaliens peints par eux-mêmes*, livre collectif composé en 1895 à l'occasion du centenaire de l'Ecole, un chapitre intitulé *Le Pot.* « On appelle *Pot*, dit-il, à l'École Normale Supérieure, le fonctionnaire chargé de faire vivre, ou plus exactement d'empêcher de mourir les élèves des trois années. » On ne saurait donner une définition plus juste, du moins pour l'époque déjà lointaine dont je parle. Serait-elle aussi exacte de nos jours? Je l'ignore, mais, s'il en est encore ainsi, je supplie M. le Président du Conseil, et je conjure M. le Ministre de l'Instruction Publique, M. François Albert, Normalien, lui aussi, d'obtenir de M. le Ministre des Finances, les crédits nécessaires pour que les estomacs de leurs jeunes camarades ne soient point traités avec un aussi barbare mépris.

Ce faisant, ils auront bien mérité — je n'ose dire de la gastronomie (nos vœux ne s'élèvent pas jusque là! mais tout au moins de la savante jeunesse de la rue d'Ulm, c'est-à-dire en somme, de l'Université.

Hubert Morane.

## BIBLIOGRAPHIE

Pour comprendre la cuisine, lisez :

• *Bien manger pour bien vivre*, par Edouard de Pomiane, vol. de 350 pages couronné par l'Académie française, Albin Michel, Editeur.

Pour bien faire la cuisine, lisez et consultez :

*Le Code de la Bonne Chère*, 700 recettes d'art, par Ed. de Pomiane. 1 vol. 750 pages. Albin Michel, éditeur.

Maurice Brillant, L'*Amour sur les tréteaux* ou *la Fidélité punie.* Roman. 2 volumes à 7 fr. 50, Bloud et Gay, Editeurs.

*250 Manières de cuire et d'accommoder le gibier.* Prix 3 fr. Par poste recommandé 3 fr. 75.
(Librairie de l'*Eleveur*, 5, rue de Stockholm, Paris.

Charles Brun.

*Le Régionalisme* (Paris, Bloud et Gay, Éditeurs).

J. M. Rougé, 1, rue Michelet, Tours.

*Le Folk-Lore de la Touraine* (couronné par l'Académie française, Grand Prix Montyon 1923) Préface de René Boylesve, de l'Académie française. En souscription, sur vélin glacé 40 fr., sur vélin Sorel-Moussel, 50 fr.

# LE VENTRE DU PALAIS

L'ILE de la Cité est proche voisine des Halles, le ventre de Paris. En se rendant à leurs affaires, magistrats, avocats peuvent se réjouir la vue et penser aux repas du soir ainsi que ces procéduriers gourmets dont foisonnent les contes drolatiques et ces chats fourrés dépeints par Rabelais. Et de fait le patron des gastronomes est Brillat-Savarin et Brillat-Savarin était magistrat.

Le premier Président de Bellièvre qui mourut en 1650 était un homme de grand mérite et de bonne compagnie. Il aimait la bonne chère et il était fier de posséder le meilleur vin de Paris. Un jour, sortant de la grand'chambre, il trouve le comte de Fiesque avec deux de ses amis qui l'abordent tenant à la main un placet : « Nous supplions, était-il écrit Monseigneur le premier Président de vouloir ordonner à son maître d'hôtel de nous donner six bouteilles de son excellent vin de Bourgogne que nous comptons boire dimanche à la santé de sa Grandeur. » M. de Bellièvre lut gravement la pièce, prit son crayon et écrivit sur le placet : « Bon pour douze bouteilles, attendu que je m'y trouverai.

Les épices offertes aux magistrats sous l'ancien régime n'étaient elles point constituées par des provisions de bouche et sans doute, en souvenir de cet antique usage on conte l'histoire de ce plaideur qui voulait suborner son juge par l'envoi d'une poularde grasse. Gardez-vous en bien, lui conseilla son avocat. Son honnêteté est plus forte que sa gourmandise, c'est vous dire à quel point elle est grande et vous seriez sûr de perdre votre procès. Le plaideur cependant envoya la poularde... avec la carte de l'adversaire.

Avant la guerre c'était à coups de dîners que les candidats au conseil de l'ordre recrutaient leurs électeurs. Ceux-ci estimaient que leurs élus devaient avoir « l'esprit sain dans un corps sain ». A cette époque heureuse on était sûr que la profession nourrissait son homme, car les candidatures succédaient aux candidatures et les dîners aux dîners. Un candidat malheureux se plaignait de ne point retrouver dans l'urne un nombre de bulletin égal à celui de ses invités. En termes un peu vifs il manifestait dans les couloirs son mécontentement. J'ai nourri 398 cochons s'écriait-il. Je n'en retrouve que 154. Il était injuste, tout au moins pour les 154 cochons fidèles! Il ne fut jamais élu.

Le bâtonnier devait jadis fêter son élection en donnant un grand festin. Encore aujourd'hui il est tenu de recevoir quatre fois l'an tous ses confrères devant un buffet somptueusement garni. Son hospitalité le situe dans l'esprit de ses pairs. Les dîners du bâtonnier Busson-Billault sont demeurés célèbres. Un confrère à l'estomac reconnaissant avait un jour voté pour son cuisinier. Il avait tort! Tel valet, tel maître. Le bâtonnier était un homme aimable; sa table et sa cave étaient aussi réputées que son esprit et sa bienveillance et tout cela créait une atmosphère de cordialité, de bonne humeur, d'indulgence et d'optimisme.

Les réceptions du bâtonnier Labori étaient celles d'un grand seigneur. Il était aussi bon amphytrion qu'excellent avocat, car je ne partage pas l'opinion de Molière lorsqu'il a écrit : « Le meilleur amphytrion est l'amphytrion où l'on dîne. » Il y a dîners et dîners et il vaut mieux laisser des convives chez eux que de les recevoir mal. Défiez-vous toujours d'un confrère qui vous recevra *sans cérémonie*. Ceci ne veut plus dire aujourd'hui sans ostentation et entre soi. On a tendance à notre époque à abuser de ce vocable pour négliger quelque peu la qualité des mets et tout à fait celle des vins. Les défauts que l'on met délibérément sur le dos du personnel incitent à abandonner les soins de la cave et à se fournir chez l'épicier. Nos confrères belges peuvent sur ce point nous donner de bons exemples.

Invitez notre confrère Dusart, dit Dudu. Pourquoi ne pas citer son nom puisqu'il est vivant et bon vivant. C'est un charmant convive. Il est connu du tout Paris gastronomique. Il jugera en connaisseur les vins et les plats. Ses paroles seront sévères mais justes. Il ne fardera pas la vérité et il aura raison. Il déclarera les vins excellents ou exécrables et il refusera d'ingérer un mauvais repas. Aussi son estime et son approbation combleront d'aise une maîtresse de maison. Avant tout... il défend la cuisine française.

Quatre ans avant la guerre le Barreau célébra son centenaire par un immense repas qui se fit dans la salle des Pas Perdus.

Chaque année les membres du Palais Littéraire et du Palais Salon se réunissent en un banquet. Les secrétaires de la Conférence se retrouvent chaque samedi pour faire un bon repas avant de tenir leur assises. Les mauvaises langues prétendent que s'ils furent aussi longtemps hostiles à l'admission d'une femme parmi eux, cela tient à la gêne que sa présence aurait apportée aux libres propos échangés durant le repas et à la gaieté qui est de tradition dans les dîners d'hommes. La gastronomie étant surtout le propre du sexe masculin.

L'avocat qui se déplace pour aller en province est — c'est la règle — invité à déjeuner chez l'avoué de province qui occupe dans son affaire. Les avoués ne devraient jamais négliger ces repas. Un avocat demandait un jour à un confrère un nom d'avoué provincial pour lui adresser un dossier. — « je vous recommande Maître X..., répondit le confrère.. Sa table est excellente. »

Le bon convive à l'humeur joyeuse ; l'humeur joyeuse est l'indice d'une conscience tranquille; une conscience tranquille est le propre d'un honnête homme; un honnête homme a l'oreille du tribunal; celui qui a l'oreille du tribunal gagne ses procès.

Conclusion : Avant de confier une affaire à un avocat, demandez lui s'il est gastronome. Ne remettez pas vos intérêts entre les mains de celui qui a l'estomac mauvais, l'esprit grincheux et qui perd ses causes en même temps que son appétit, car, si comme l'enseigne Pangloss il n'y a point d'effet sans causes, la cause de l'insuccès est l'effet de l'estomac.

Raymond HESSE.

THE MOSSER
Article français
petit fouet à champagne
Marques et Modèles déposés par
M. CHOMETTE
21, rue du Renard — PARIS 4e
Les Établissements Chomette
sont spécialisés
depuis plus de trente ans dans les
Fournitures
pour
Grands Hôtels
et Restaurants
Leurs RÉFÉRENCES,
Leurs PRIX,
Leur EXPÉRIENCE
sont A VOTRE DISPOSITION
Téléphone :
Archives 63-90
— 63-91
— 63-92

# LA GOURMANDISE DES CHASSEURS

NOUS sommes gourmands, et nous sommes heureux des « plaisirs de gueule » que nous offre une table bien servie et un menu bien ordonné. Mais, comme le dit excellemment ce fin gastronome qu'est Maurice des Ombiaux « La gourmandise que nous célébrons (1) s'inspire du précepte contenu dans le dixième prolégomène de la *Physiologie du goût* : ceux qui s'indigèrent ou qui s'enivrent ne savent ni boire ni manger. »

Nos pères les Gaulois, chasseurs intrépides, célèbraient tous les ans la Fête de Diane par des sacrifices et aussi par un grand repas. Diane était, et est encore un peu la Patronne des chasseurs ; l'histoire ou plutôt la légende, ne nous dit pas si Diane prenait goût aux bons plats et aux bons vins ; mais ce qui est de l'histoire, et pas une histoire, c'est que le successeur direct de Diane, le premier patron des chasseurs, fut Saint-Martin, après il fut détroné par Saint-Germain, puis par Saint-Hubert, encore en fonction, devenu le patron des gourmands, ce qui est une excellente fiche de consolation et ce qui prouve qu'il existe entre les chasseurs et les gourmands une certaine analogie et des liens communs. Si nous fêtons la Saint-Hubert, nous savons aussi " faire la Saint-Martin ".

Déjà au temps de Charles IX, roi très chrétien, comme chacun sait, les chasseurs soignaient la partie du déjeuner. Lisez pour vous en convaincre, si vous ne l'êtes déjà pas, ce passage de la *Venerie* de du Fouilloux, dont la première édition date de 1561 : « Le someylier doit venir avec trois bons chevaux, chargés d'arroser le gouzier : comme contretz barraux, barrilz, flacons et bouteilles, lesquelles doivent être pleines de bon vin d'Arbois, de Beaulne, de Chalore ou de Grav. Luy étant descendu de cheval, les mettra rafraischir en l'eau, ou bien les portra faire refroidir en du camphre; après il étendra la nappe sur la verdure. Ce fait, le cuisinier s'enviendra chargé de plusieurs bons harnois de gueule... » suit une longue énumération, un déluge de victuailles très variées, que nos estomacs modernes ne sauraient, certes, pas digérer aujourd'hui.

Si le chasseur sait et aime apprécier la bonne chère, il ne faut pas croire que c'est une sybarite. Que de chasseurs partent au petit jour avec dans leur carnier, voisinant avec les cartouches, un quignon de pain, une aile de poulet et un morceau de fromage; mais au retour... C'est autre chose... la marche, le grand air, ont aiguisé l'appétit, et le chasseur s'installe commodément devant une table qui ferait cligner de l'œil aux plus gourmets.

La chasse et la cuisine sont sœurs jumelles : aussi la saison de la chasse est-elle celle des gourmets. C'est un fait d'observation, dirait un médecin, la littérature cynégético-gourmande est riche. Prenez un traité de chasse du siècle dernier, prenez un volume de contes de chasses, vous y trouverez toujours le chapitre des recettes; Elzéar Blaze qui est un des auteurs ayant laissé la collection la plus complète d'ouvrages sur les chasses n'a pas failli à son devoir; après avoir donné les conseils les plus judicieux et les plus pratiques pour abattre tel gibier, plume ou poil, Blaze exposait avec esprit et « à vous en faire venir le fumet aux narines » les recettes pour le cuire. Dans cette partie culinaire, Elzéar Blaze luttait vraiment avec Louis de Cussy et Brillat Savarin qui étaient des contemporains; et bien des exquises recettes de ce grand chasseur ont été recueillies par les cuisiniers et par tous ceux qui contribuent au bonheur des hommes. Toussenel, l'immortel auteur de l'*Esprit des Bêtes*, lorsque parurent les Traités de chasses d'Elzear Blaze, écrivit ceci dans le *Journal des Chasseurs*. « Viennent les conseils de l'éminent chasseur sur d'autres préparations. Toutes respirent une gavité étudiée, intelligente, éclairée de tous les sens de l'estomac, et de tous les jeux de l'esprit. L'auteur y résuma en homme de mesure et de goût, tous les traités de cet art profond de la gastronomie, qu'il ne touche pourtant qu'en passant, en jetant ça et là, au milieu des détails quelques vues profondes et bien arrêtées. Ces pages doivent être lues chez nous avec attention. »

Les chasseurs ne sont pas seulement gourmets de gibier, ils sont gourmets de tout ce qui est délicat à manger et délicieux à boire. Et voici un menu de 1850 d'un dîner de chasseurs qui eut lieu chez le marquis de Chabrillant, menu exécuté par le cuisinier du marquis qui avait pendant une quinzaine d'années fait des preuves chez Louis de Cussy l'un des plus fins et des plus spirituels gourmets de la première moitié du XIXe siècle.

*Potage*
Le tapioka
*Deux Bouts*
Le pâté de lièvre
Le jambon à la gelée
*Deux Flancs*
La carpe à la Chambord
La dinde truffée
*Six Entrées*
Le riz de veau à la Financière
Les côtelettes de mouton à la Soubise, façon Cussy
Le filet de bœuf au madère
Gigot de chevreau poivrade
Pain de gibier
L'aspic de volailles
*Deux Rotis*
Le faisan piqué
Les perdreaux bardés
*Trois entremets*
Les petits pois à la Française
Les épinards au beurre
Les asperges en branche
*Quatre entremets* (demandés)
Le grattin d'oranges
Le sultan meringué
Le bavarois à la vanille
La gelée de fruits.

(1) Et dont nous sommes fiers. P. M.

Comme on peut le constater dans cette énumération : il ne s'agissait point de préparation compliquée, mais de cuisine simple.

Il y avait là :

« Ces perdrix relevées d'un fumet surprenant » dont parle Molière en citant le menu d'un repas de gala offert par un marchand drapier à une femme de qualité; car en saison de chasse, il n'est point de dîner fin sans perdreaux. Un perdreau de l'année bardé, et avec la feuille de vigne s'appliquant sur sa belle poitrine, le concentrant en lui-même et ne laissant échapper aucune de ses parties volatiles : quel délicieux morceau, s'il est rôti à point ! Et quand sera-t-il rôti à point ? Ecoutons le précepte de l'Arabe : « Ton rôti sera suffisamment cuit, aussitôt que son aspect et son parfum te donneront envie d'en manger. »

Faut-il parler de l'éternelle discussion entre les amateurs du gibier ? Faut-il manger le gibier frais ou faisandé ? Beaucoup de chasseurs, et j'en suis, sont de l'avis de son parfait gastronome écrivain Paul Bouillart :

« Tout, absolument tout, doit se manger frais, même le gibier, mais oui, surtout le gibier !

« Mais, d'où partira donc un jour le coup de fusil libérateur qui tuera cette formidable erreur gastronomique qu'est le " faisandage " ? Puis, que d'à-côtés inutiles ! Combien de fois ne fait-on pas attendre un perdreau rôti, parce que le citron qui doit l'escorter est martyrisé, converti en panier fleuri, aux bords teintés de carmin. Erreur ! Temps perdu !

« Un pintadeau n'exige pas au mois de juillet, alors qu'il est immolé en pleine jeunesse, un canapé moelleux fourré de foie gras de conserve. Là encore, erreur, erreur !

« Une barde de lard entourant le volatile, une feuille de vigne, du beurre frais, sel, poivre et... la chambre ardente. C'est tout. La voilà la cuisine d'après-guerre, d'aujourd'hui et de demain. »

J'estime que Sancho Pança dut être un homme fort malheureux : Par ordre du Docteur Pedro Recio de Aguero de Turtea Fuera, médecin ordinaire du Gouverneur de Barataria, défense lui fut faite de manger de la perdrix. Le docte docteur basant ses ordonnances sur l'aphorisme d'Hippocrate : « *Omnis saturatio mala, perdrix autem pessima* ». Mais comme un tas d'autres choses étaient défendues à Sancho Pança, et qu'on ne lui permettait que les confitures, je n'ai aucun égard pour l'autorité du médecin ordinaire des Gouverneurs de Barataria, pas plus que pour celle d'Hippocrate : et je pense, j'espère pour lui, que Sancho Pança, a fait, comme j'aurais fait, il n'a tenu compte des prescriptions de la Faculté, et il ne s'en est pas mal trouvé.

Paul Mégnin,

# LA CARPE FRITE DE MONSEIGNEUR

Ce matin là, M. l'abbé Walter, curé d'Obernieder, se leva plus tôt qu'à l'ordinaire. Il alla aussitôt s'assurer du temps qu'il faisait et poussa une exclamation joyeuse en ouvrant les persiennes de sa chambre à coucher. Le soleil — un riche soleil de juin — colorait l'ombre de ses rayons d'or. C'était le présage d'une journée superbe.

— Dieu soit loué ! dit l'excellent prêtre en se frottant les mains ; nous aurons une belle confirmation, Monseigneur va être content !

Et d'un regard où éclatait une satisfaction sans mélange, l'abbé Walter embrassa la grande rue d'Obernieder, (508 habitants), où se dressait, non loin de la cure, un arc de triomphe édifié, cette nuit, par des zélés paroissiens en l'honneur de l'évêque.

A côté, de-ci delà, des guirlandes de verdure s'accrochaient aux maisons, avec des drapeaux, des écussons et une infinité d'attributs en papier multicolore, comme aux jours de fête patronale ou de comice agricole.

L'aspect de cette grosse décoration réjouit le digne prêtre qui répéta une seconde fois, à part lui :

— Monseigneur va être content !

Là-dessus, l'abbé s'habilla avec le calme d'un chrétien qui a le cœur à l'aise et appela sa bonne, Finelé, qu'il entendait vaquer déjà aux soins du ménage et de la cuisine. Il voulait lui renouveler ses recommandations avant d'aller dire sa messe.

Le bon pasteur était si épanoui que Finelé — une petite vieille toute fluette — ne put s'empêcher de l'en complimenter respectueusement.

— Vous avez une mine fleurie, ce matin, Monsieur le curé.

— Heu, heu, dit l'abbé en jetant un coup d'œil à son miroir, — qui lui renvoya une figure rubiconde et joufflue où le savon pour la barbe allait bientôt étaler sa neige mousseuse, — heu ! heu !... cela ne va pas trop mal.

— Et quel temps superbe ! Monseigneur va être content !

— Oui, certes... Et pour que rien ne manque à son plaisir, il s'agit que notre petit dîner soit parfait. A ce propos, Finelé avez vous bien pris toutes vos dispositions ?

— Oh ! toutes, monsieur le curé.

— Vous avez coupé les asperges ?

— C'est fait. Elles sont magnifiques.

— Votre pot-au-feu ? Monseigneur l'adore, à condition qu'il soit bien savoureux, bien onctueux, velouté...

— Il sera tout cela, monsieur le curé, je vous le promets. Il mijote déjà depuis une grande heure.

— Et la poularde ?

— Elle attend, dans sa barde, le moment d'être mise à la broche.

— Bon. Ce sera très bien, avec les *nudel* que vous nous préparerez comme vous savez le faire... Mais le principal, Finelé, le principal ?

— La carpe ?

— Oui, la carpe !... Monseigneur en raffole, quand elle est frite à point.

— Soyez tranquille, monsieur le curé. Vous serez satisfait.

— A la bonne heure ! Maintenant que je suis rassuré sur la marche du dîner, allez vite surveiller le pot-au-feu. Il ne faut pas qu'il galope dans la marmite. Soignez-le, qu'il cuise en sommeillant, à petits, tout petits bouillons... Et surtout, ne tuez pas la carpe trop tôt.

— Pas de danger ! Ce ne serait pas la peine de l'avoir élevée pendant six mois dans le vivier pour la manquer au dernier moment !...

— Sur ces mots, Finelé, courut retrouver ses fourneaux, pendant que l'abbé Walter commençait à se raser.

Il venait à peine de terminer cette opération d'importance que la servante reparaissait, haletante, le visage bouleversé, en s'écriant d'une voix entrecoupée par l'émotion :

— Mon Dieu !... Quel malheur !...

— Quoi ! Qu'est-ce qu'il y a ?

— La carpe, monsieur le curé !... La carpe !...

— Eh bien ?

— Elle n'y est plus !...

— Vous dites, que...

— Le réservoir est vide !...

— Pas possible !

Et, après un instant de dramatique silence, M. le curé et Finelé murmurèrent, en se laissant tomber chacun de son côté avec accablement sur une chaise :

— Que va dire Monseigneur ?

C'était grave, en effet. Depuis des années que l'évêque était l'hôte de l'abbé Walter, à chaque confirmation, il avait toujours eu sa carpe frite. Cette fois-ci comme les autres. Monsieur le curé et Finelé en avaient cultivé une pour le grand jour, qui tombait avant l'ouverture de la pêche.

Il y avait des semaines — depuis l'automne dernier — que cette carpe s'engraissait, telle une oie destinée aux fins pâtés de Strasbourg. Dans le vivier où l'eau était quotidiennement renouvelée, le bon poisson, vivant de pain, de vers et de mouches, s'embourgeoisait, dodu, dans son triple ourlet de chair délicate. Il devenait gras et ferme, appétissant, tout rond sous sa luisante cuirasse d'écailles... Quel régal il donnerait !... Il aurait toute la saveur, la fermeté, le fondant... Ce serait irréprochable, et Monseigneur dirait comme chaque année :

— Décidément, mon cher curé, il n'y a que chez vous qu'on mange vraiment de la carpe frite !

Aussi avec quelle ferveur l'abbé Walter allait-il chaque matin voir, avec sa servante, ce que devenait le poisson ! C'était un souci dans leur vie. Parfois on avait eu des craintes. La carpe paraissait moins en train ; elle frétillait avec une certaine mollesse ; son regard se voilait et son gentil museau carré s'ouvrait péniblement. Quelle inquiétude !...

Mais ces alarmes n'avaient jamais duré plus d'un jour. Le lendemain, Dame Carpe — que la veille avait surprise sans doute en fatigue de bonne chaire — était guillerette à nouveau. L'abbé et Finelé poussaient un soupir de soulagement...

Hélas ! tant de soins étaient inutiles, tant de préoccupations demeuraient vaines !... Plus de carpe !... Qu'allait dire Monseigneur ?

Mais, au fait, qu'avait-elle pu devenir, la carpe de l'évêque ? Elle ne s'était point évadée toute seule du vivier où elle avait coulé tant de jours heureux. Elle n'aurait jamais quitté d'elle-même sa prison confortable où elle prospérait si bien. D'ailleurs, elle n'avait pas d'ailes, comme les exocets de la Mer Rouge.

Et le temps passait... Et Monseigneur allait venir... Et l'heure du dîner sonnerait bientôt — trop tôt ! — au cadran de la salle à manger !

Soudain, le desservant d'Obernieder releva la tête, inspiré et résolu à la fois.

— Il n'y a pas, il nous faut une carpe pour midi !

— Impossible. La pêche est encore fermée.

— Oui, mais... en s'adressant à Yerki...

— Le braconnier ? Monsieur le curé n'y pense pas sérieusement ?... Encourager le vice !

— Ta, ta, ta !... Nécessité n'a pas de loi, et nous n'avons pas le choix des moyens... Du moment que c'est pour Monseigneur !... Je m'en confesserai à lui ; il m'absoudra en raison de l'intention.

— Jésus, Marie, Joseph !... Le braconnier !...

— Hé ! oui, le braconnier !... Et puis après ?... D'ailleurs, ne vous tourmentez pas : c'est moi seul qui suis responsable devant Dieu et devant la loi. Mais il ne sera pas dit que Monseigneur n'aura pas, comme tous les ans, sa carpe frite. Je suis sûr qu'il se réjouit depuis huit jours... S'il avait une désillusion, ce serait désastreux pour le renom de la cure... Allons, dépêchez-vous d'aller chez Yerki.

Finelé se résigna.

A peine était elle partie que le carrosse de l'évêque s'arrêta devant la porte. L'abbé Walter reçut le chef du diocèse avec cette respectueuse timidité qui le dominait tous les jours de confirmation.

En attendant la cérémonie, Monseigneur monta dans le salon de la cure, pour se reposer du voyage, tout en causant avec l'abbé.

Ce dernier ne tenait plus en place. Il se levait, se rasseyait, allait, venait, ne prêtant qu'une oreille distraite à la conversation. Une idée unique, tenace, harcelante, barrait son esprit :

— La carpe !... Yerki pourra-t-il nous procurer une carpe ?

Quand il entendit enfin Finelé revenir, il laissa un instant Monseigneur, sous un prétexte quelconque, et il bondit à la cuisine.

— Eh bien ?

La vieille servante était radieuse. L'abbé Walter respira comme un homme tiré du danger, en voyant une carpe de belle taille étalée sur une serviette.

Il s'approcha.

— Hé ! mais... elle ressemble beaucoup à la nôtre...

— Vous croyez ?

— Regardez... elle a la nageoire gauche abîmée, exactement comme la carpe du vivier...

Finelé sursauta.

— Ce serait trop fort ! cria-t-elle. Une carpe que nous avions si bien soignée !... Ce gueux de Yerki ! Il nous l'a volée pour nous la revendre !... Et je l'ai payée cher encore...

— Combien ?

— Dix francs !

L'abbé leva les bras au ciel. Ça, c'était trop !... S'aboucher avec un braconnier pour avoir de la friture en temps de pêche interdite, c'était raide déjà... Mais acheter hors de prix son propre bien, ceci dépassait les bornes !

Enfin, inutile de récriminer davantage. On avait une carpe, c'était l'essentiel.

Elle fut délicieuse, du reste. Un poème succulent dont Monseigneur s'offrit plusieurs versets illustrés d'un Turckheim de race. Et, en regardant l'évêque si plein d'appétit et de belle humeur, le curé d'Obernieder sentait fondre sa colère, s'évanouir ses scrupules.

Pourtant, à la fin du repas, il ne crut pouvoir se dispenser de raconter à l'évêque cet épisode qui avait côtoyé l'horreur du drame où sombrèrent l'honneur et la vie de Vatel à Chantilly.

Monseigneur, humant un kirch de Roderen, prit d'abord un petit air grave, sévère, presque... Mais cette expression s'atténua bientôt et s'effaça dans un sourire béat, relevé d'une pointe de malice.

— Je vous absous, l'abbé, dit-il... Vous croyez que c'était votre carpe, n'est-ce pas ?

— J'en suis certain, Monseigneur.

— Donc, la friture est licite. Exquise aussi, mon cher curé... Mais surveillez mieux votre vivier, à l'avenir. Ce sera faire œuvre pie en allégeant la conscience de ce brigand de Yerki dont toutes les pêches sont autant de péchés !...

Georges Spitzmuller.

# HYGIÈNE A TABLE

LONGTEMPS on se contenta de manger pour vivre, d'exécuter sans discussion le reflexe nécessaire au bon entretien de la race : introduire des aliments dans le tube digestif.

L'hygiène confirmant que le fait de prévenir le mal épargne la peine d'avoir à le guérir, la question fut posée — « de l'hygiène alimentaire — »

Toute conception nouvelle excite ses fanatiques. *On pouvait mal manger ?*

Les mêmes qui craignaient de *mal penser* s'émurent. Des désirs hygiéniques, issus en des cerveaux salutistes s'ingénièrent à flanquer l'hygiène alimentaire d'un sens moral, *sans tentation point de péché — plus de maladies*. Ignorants de la moindre notion scientifique, ou pires, leurs crânes farcis de vulgarisations simplistes, les prosélytes taillèrent au petit bonheur. Ils supprimèrent sur la quantité, sur la variété, sur la qualité même des aliments et finirent par crever d'inanition dans leurs gargottes végétariennes, étoilées en bleu et blanc comme des enfants voués.

Ces mystiques ridiculisèrent pour un moment l'hygiène de la table et de la cuisine. Il devint délicat d'en parler, toute allusion communiquait à la sécrétion salivaire un arrière-goût d'eau boriquée.

Hygiène de la table, hygiène de la cuisine, cela ne se détermine pas par un règlement, comme la traversée des villes : « A droite, 10 kilom. à l'heure. Tournant dangereux... » Il faut considérer une multiplicité des facteurs, facteurs scientifiques, psychologiques, artistiques, économiques. Cette hygiène varie selon le milieu, la fortune, la mentalité du consommateur. Le problème rétréci par de chétives têtes uniquement préoccupées d'une bonne digestion et d'un Eternel Salut, rentre en réalité dans le cadre général de l'hygiène sociale. Tout dépend du bout par lequel on saisit la question.

Hugues de Paris, chanoine de Saint-Victor, clerc en religion, sciences de lettres et sagesse des Sept Arts libéraux faisait, dès 1130 de l'hygiène alimentaire lorsqu'il condamnait « ceux qui après avoir essuyé leurs mains grasses à leurs vêtements recommencent à manger les viandes et pillent leurs choux avec leurs doigts. »

Sa bactériologie a depuis coloré les milliards de microbes lesquels pullulent sous les ongles et sur la peau des mains négligées, microbes en parfait état de virulence. Les manuels de civilités préconisant, — par honnêteté banale — le lavage des mains avant de prendre place à table deviennent les ancêtres de nos savants traités.

*« Quand tu auras les mains lavées*
*Et à la soualle essuyées*
*Et sera à la table assis »*... continue au xv^e^ siècle Rabbi Moïse Séphardi dans les *Enseignements d'un père à son fils* — Et le xvi^e^ siècle reprend :

*« Enfin d'honneur lave tes mains*
*A ton lever, à ton dîner*
*Et puis au souper sans finer.*
*Enfant, si ton nez est morveux*
*Ne le mouche de la main nue*
*De quoi sa viande est tenue. »*

Des vers ? De l'hygiène aussi. Henri III, saut discrédité par ailleurs témoigne d'esprit moderne, quand il introduit la coutume " qui n'existait, dit l'Anglais Thomas Coryate, dans aucune des contrées que j'ai parcourues, ni dans aucun pays de la chrétienté, si ce n'est en Italie. Savoir se servir d'une petite fourche pour prendre la viande... On vous donne comme raison, que tout le monde n'a pas les mains propres ».

On railla le prince, son geste fut interprété comme une preuve d'abatardissement. Montaigne ne révéla-t-il pas avec quelque vanité virile qu'il dévore sans cuillers ni fourchettes, allant « jusqu'à se mordre les doigts de hastiveté ».

Hygiène, et combien importante, à présent qu'on a pu déterminer la fréquence des contagions par les ustensiles de table, l'habitude lentement imposée du verre, de l'assiette, de la serviette individuels, la suppression du pot où chacun plonge,

*« Jadis, le potage, on mangeait*
*Dans le plat, sans cérémonie*
*Et sa cuiller on essuyait*
*Souvent sur la poule bouillie*
*Dans la fricassé autrefois*
*On sauçait son pain et ses doigts.*

*...Chacun mange présentement*
*Son potage sur son assiette,*
*Il faut se servir poliment*
*Et de cuiller et de fourchette...*
*Très souvent, il faut en changer*
*Pour en changer, elles sont faites...*

Encore une chanson... du Marquis de Coulanges en 1680.

Notions élémentaires, qu'il fallut des siècles pour acquérir.

Ce n'est guère le lieu d'insister sur l'importance du nettoyage soigneux des récipients culinaires, mais nous qui ne buvons plus à deux par écuelle (fi donc !) comment lave-t-on nos assiettes ?

Nous scandalisons-nous suffisamment pour des gens affinés, de cette fraternisation des microbes, les nôtres et ceux des voisins, dans l'eau grasse d'une bassine et jusque dans la trame des torchons ?

Passons...

Propreté vraie et hygiène sont un en matière de table, mais la propreté n'est pas tout.

Sur le même plan prennent place ! le choix, l'accomodement des denrées, leur conservation, la connaissance précise de leur valeur nutritive (les recherches biologiques actuelles permettant de déterminer quelle doit être la composition qualitative et quantitative d'un menu rationnel) la présentation, Art du couvert, propre à exciter par avance les sécrétions gastriques indispensables. Faut aussi que l'on digère.

Et la question n'est pas encore au point.

On sait comment préparer l'aliment, combien on doit en manger. Qui est-ce qui mange ?

Il n'y a qu'une façon d'avoir les mains nettes, une seule aseptie ; un gramme de sucre brûlant dans l'organisme fournit un nombre de calories constant.

Or, toutes ces belles données scientifiques perdent la plus grande part de leur valeur en présence des considérations que nous disons " sociales ".

Expériences de laboratoire. Chiffres sur du papier... Et puis...

Le dégustateur d'un repas succulent tire-t-il son barême et clôt-il les mâchoires sous le prétexte que ses besoins physiologiques vont être satisfaits.

Ceux qui peuvent manger ce qu'ils veulent opposent aux calculs les plus rigoureux la sagesse en barre de dictons repus. « Ce qu'on mange avec plaisir ne fait jamais mal, l'appétit vient en mangeant, plus on mange... etc.

Les autres, ils sont encore en assez grand nombre (voir les aspirants aux professions libérales !!!) restreints à ingurgiter ce qu'ils trouvent sans en calculer la teneur en vitamines ou l'équivalent calorique, sans vérifier l'aseptie parfaite de leur pot-au-feu.

Dans l'esprit de l'hygiène figure la notion équilibre.

Un code rationnel d'hygiène de la table doit, dans ces grandes lignes au moins, s'appliquer à presque tous comme la vaccination anti-variolique sans quoi il perd tout intérêt. Les minorités mêmes agissantes, n'intéressent guère l'hygiène.

Aussi, avant d'aller bien loin, il conviendrait peut-être d'assurer à plus, plus de possibilités d'hygiène, des locaux, de l'eau, etc... et surtout des rations insuffisantes.

Vous verrez que l'hygiène après nous avoir purifié les mains nous entraînerait jusqu'à la politique.

Dr S. Dejust.

# CUISINIERS ET POIREAU

*Un cuisinier, quand je dîne,*
*Me semble un être divin,*
*Qui du fond de sa cuisine*
*Gouverne le genre humain...*

Cette opinion qui, bien avant d'être la nôtre, fut celle de Désaugiers parait être partagée par les membres du Conseil de l'Ordre du Mérite Agricole; on n'a pas oublié — le récent congrès des Agéristes ne l'eut d'ailleurs point permis — que ces messieurs ont décidé, l'an dernier, sur la proposition même du Ministre de l'Agriculture, qu'un mouvement " spécial " — spécialement culinaire — serait publié, une fois l'an, en faveur des hôteliers, des restaurateurs et des chefs qui aident à maintenir les traditions de la vieille cuisine française et qui utilisent les meilleurs produits naturels de leur région.

Voilà un bon gouvernement et pour une fois, la mémoire ministérielle de M. Chéron, ne sera pas glorifiée que par la seule Normandie. Certes, rien n'est plus estimable que le noble métier qui consiste à restaurer son prochain, j'entends le " traiter " et non point seulement le nourrir ; profession louable entre toutes, qui fait du cuisinier l'auxiliaire d'un créateur indulgent, qui, après avoir condamné l'homme à manger pour vivre, l'y invite par l'appétit et l'en récompense par le plaisir.

Inspirons-nous encore de Brillat-Savarin, qu'il sied d'évoquer et d'invoquer en telle occurence et nous apprécierons mieux encore la décision dont s'agit. « Le plaisir de la table, dit-il, est de tous les âges, de toutes les conditions, de tous les pays et de tous les jours. Il peut s'associer à tous les autres plaisirs et reste le dernier pour nous consoler de leur perte. »

Que cela est juste ! et combien les grands prêtres des journaux qui ont charge d'appliquer de tels décrets, de justifier de semblables maximes sont vraiment dignes d'être distingués entre les hommes.

Après avoir présidé vingt ans à l'élégante ripaille du Tout-Paris, Léopold Mourier — qui était par ailleurs grand homme de bien — mourut officier de la Légion d'honneur et ce fut justice, de même que pour le " Maître Escoffier " Montagné-le-Magnifique et Carton, héritier moral de Mourier, sont bien vivants ceux-là, et dont la boutonnière saigne sous l'insigne des braves... gens. Mais voici qu'une botte de " poireaux " est offerte à ceux-là même pour qui son emploi du potage parisien à la bouillabaisse, n'a point de secrets; bravo encore !

Ces distinctions spéciales du Mérite agricole seront, nous dit-on, attribuées après avis d'une commission technique nommée par le ministre de l'Agriculture; voilà qui va des mieux ! et nous voulons croire qu'avant peu des maîtres... connus tels que Anglade, Auburtin, Billard, Charlot, Lucien Delaye, maître ès beurre blanc, " Madame Génot ", Honoré l'hôte aimable de la *Devinière*, sans omettre à Lyon, Morateur, s'il vit encore, la " mère Fillioux ", qui fut si brave et si généreuse pendant la guerre, Paul Bouillard qui proclame à Bruxelles la souveraineté du goût français; les frères Dorin qui perpétuent, en ce temple du bien vivre qu'est à Rouen, l'hôtel de la Couronne, les grandes traditions de la haute cuisine; le père Denize, son fils ou quelqu'un des siens, car il n'est bon *rouennais* au sang, que de Duclair, et Aria, et Foucoux et Bergeran et Falconnet, et combien d'autres que seul Curnonsky pourrait nommer recevront la juste récompense à tous ceux qui aidèrent à contrôler cette lumineuse vérité : « La découverte d'un mets nouveau fait plus pour le bonheur du genre humain que la découverte d'une étoile (1).

Camille La Broue.

(1) Le samedi dans *Les Nouvelles Littéraires*.

# GLOIRE AUX VINS DE FRANCE

COMME l'a très bien dit M. Poincaré, au banquet de clôture de la semaine nationale du vin, depuis si longtemps que la vigne est cultivée dans le monde, si le vin était nuisible on le saurait ; or, au contraire, depuis les temps les plus reculés, l'église a recommandé le vin, elle a pris la vigne comme symbole, elle admet que les hommes étant devenus coupables, Dieu foule le raisin de cette vigne d'où sort le sang qui rachète les péchés.

Si nous en croyons l'ancien testament, quand le vin venait à manquer c'était une calamité, aussi l'apôtre Jérémie s'écrie à ce sujet : La joie et l'allégresse ont disparu des campagnes. D'ailleurs, quand Jésus-Christ institua la Sainte-Cêne il prit les deux principaux aliments de l'époque : le pain et le vin pour représenter son corps et son sang, et n'oublions pas que nos prêtres communient encore avec le vin.

Si le vin avait été considéré comme nuisible. Il n'aurait pas été ainsi mis en honneur par la religion ; les couvents et les monastères ne se seraient pas consacrés avec une si grande ardeur à la culture de la vigne.

Et nos médecins depuis Hippocrate, n'auraient pas ordonné le vin comme reconstituant à leurs malades s'ils avaient douté de ses vertus.

Dans les études documentées, ils ont montré que le vin est non seulement un bon aliment, mais encore un aliment économique et que c'est lui qui fournit les 1.000 calories à l'homme au prix le plus avantageux, un aliment zootechnique de premier ordre, un aliment nervin et d'épargne, enfin un véritable condiment.

Nous ne pourrions citer ici tous les médecins qui ont recommandé le vin. Rappelons seulement que lorsque le Journal *L'Illustration* fit une enquête auprès du corps médical pour savoir ce qu'il pensait du vin, sur 162 réponses, 100 déclarèrent que l'usage modéré du vin est favorable à la santé, 44 que l'usage du vin est indifférent et ne peut pas causer de mal à la santé, et seulement 18 précisèrent que le vin peut être nuisible, et cela dans certains cas seulement. Le docteur Laguesse, de Lille, répondait finement : « Beaucoup de médecins de ma génération, qui avaient cru devoir renoncer, personnellement, à l'usage du vin, y sont revenus. Tranquillisez-vous : c'est une mode qui passera. Quand sous la rubrique « dans le monde » *Le Figaro* aura imprimé : « Il sera convenable cet hiver de boire modérément du vin » on en boira.

D'ailleurs, nous savons tous qu'aucune boisson n'a été autant chantée et glorifiée par nos poètes et nos écrivains. Sans remonter à Platon, Aristophane, Plutarque, Xénophon, Hérodote, Euripide, Eschyle, Sénèque. qui ont fait l'élevage du vin, rappelons que Rabelais a consacré deux chapitres de Pantagruel au vin, Clément Marot, de la Boëtie. Ronsard, Régnier, Colletet, Lecarmié, Saint-Arnaut, l'ont imité.

Le comédien Molière a parlé favorablement du vin non seulement dans ses œuvres théâtrales, comme dans le rôle de Sganarelle, mais encore dans ses chansons, qui sont malheureusement trop peu connues.

Et plus près de nous, Chaptal, Musset, Sully-Prudhomme, Victor-Hugo, Theuriet, François Coppée, Emile Augier, Marcel Prévost, on fait de même. Ce dernier, dans un article des *Annales*, a critiqué avec esprit, les médecins qui, pour entretenir une clientèle avec profit, ordonnent à leurs malades des régimes dont ils excluent le vin. Il a aussi décrit la situation de ces victimes :

Ils se soumirent, ne burent plus de vin, se détraquèrent l'estomac avec des eaux minérales aussi artificielles que le plus artificiel des vins, et devinrent neurasthéniques par centaines. Ceci n'est pas une plaisanterie ; constatez le fait autour de vous parmi ceux de vos amis qui ont continué l'usage du vin, vous ne trouverez guère de neurasthéniques. Ces bons buveurs ne sont pas des « gens à médecine : peut-être est-ce pour cela que les médecins besogneux ont déclaré la guerre au jus de la vigne. »

Mais celui qui, parmi tous nos littérateurs, a donné la meilleure définition, est encore M. Poincaré, lorsqu'il l'a appelé « essence de joie et de santé, extrait d'humour Gaulois » reflet du doux pays de France.

Il ne faut pas oublier non plus que le vin a donné naissance à la chanson de table, à la chanson bachique ; comme toutes les chansons, celle-ci a varié avec l'expression des sentiments de ceux qui les ont composés, mais ne méconnaissons pas que si notre beau pays est celui qui possède les chansons les plus nombreuses, les plus jolies et les plus gaies, c'est à l'influence de la chanson bachique qu'il le doit. Voltaire a dit avec raison : « Il n'y a point de peuple qui ait un aussi grand nombre de jolies chansons que le peuple français. » On peut l'expliquer précisément par ce fait que la France est la nation la plus importante au point de vue viticole, et par conséquent le pays où les chansons bachiques ont joué le rôle plus important. Et c'est pour cela aussi que notre musique possède des quantités d'opéras, d'opéras-comiques et d'opérettes qui ont été porté dans l'univers entier la renommée de nos musiciens et de nos grands vins.

Mais la France n'est pas seulement la nation viticole la plus importante du monde, elle est encore l'unique pays qui possède une gamme complète de vins, depuis les types ordinaires et courants, jusqu'aux grands vins blancs secs et moelleux, jusqu'aux vins rouges d'une finesse de dentelle, comme les Bordeaux et jusqu'aux grands vins rouges d'une générosité sans égale comme les Bourgogne et nos grands vins mousseux de Champagne que l'univers nous envie.

Ils occupent aujourd'hui une place qui fait honneur à notre Patrie, et ils constituent l'une de nos plus grandes réclames nationales, c'est pourquoi nous devons nous unir pour les chanter, un peu pour les boire et beaucoup pour les faire boire (1).

Raymond Brunet,
Ingénieur-Agronome
Professeur d'œnologie
à l'École supérieure de commerce de Paris.

# BIBLIOGRAPHIE GASTRONOMIQUE

TOUT augmente, même les livres de cuisine, et non seulement de prix ce qui serait proprement sinistre mais encore de volume, ce qui est consolant.

Signe des temps, que la faveur qui a rencontré partout, le bréviaire du R. P. Ali-Bab. L'autre jour en le caressant dans ma bibliothèque où il figure sur un rayon de choix, je me demandais ce qu'aurait pensé nos aïeules si elles avaient eu sur leur table, ce mastodonte précieux. Elles avaient à sa place, les chères créatures, de frêles petits livres, bellement reliés en veau raciné, dont le dos orné au petit fer ne dépa-raient point de plus grands ouvrages. C'étaient :

LE CUISINIER ROYAL, *qui apprend à ordonner toutes sortes de repas en gras et en maigre et la meilleure manière des ragouts les plus délicats, par* M. MASSIALOT, *à Paris chez* SAUGRAIN *fils, avec privilège du Roy.* — M. DCC. XXXIV (Il y est question d'un poupeton de cailles !...)

ou bien :

LA CUISINIÈRE BOURGEOISE, *à l'usage de tous ceux qui se mêlent des dépenses de maison, contenant la manière de connaître, disséquer et servir toutes sortes de viandes; des avis intéressants sur leur bonté et sur le choix qu'on en doit faire à Paris chez* MONORY, *libraire de* S. A. S. MGR LE PRINCE DE CONDÉ. — M. DCC. LXIX.

ou encore :

LA SCIENCE DU MAITRE D'HOTEL, *confiseur, à l'usage des officiers avec des observations sur la connaissance et les propriétés de fruits, enrichie de desseins en décoration et parterres pour les desserts, à Paris chez* PAULUS-DU-MESNIL, *Imprimeur-Libraire, avec approbation et privilège du Roy.* — M. DCC. LXXII.

Ou celui-ci encore, d'un siècle plus âgé :

LE CUISINIER FRANÇOIS OU L'ECOLE DES RAGOUTS *où est enseigné la manière d'apprêter toutes sortes de viandes, de pâtisseries et confitures, par le Sieur de la Varenne, Ecuyer de cuisine de Monsieur le Marquis d'Uxelles. A Lyon chez* LA VEUVE DE JEAN-BAPT. GUILLEMIN. — M. DC. XCIX.

Il n'est du reste pas possible de signaler à beaucoup près tous les livres de cuisine qui virent le jour avant notre époque. Notre savant et toujours regretté confrère en gourmandise et bibliophilie, M. Georges Vicaire a consacré un énorme volume de 980 pages à la Bibliographie Gastronomique, de 1490 (date du premier livre de cuisine connu, le fameux Veaudier de Taillevent) à 1890. Et en dépit de ce travail considérable, M. Vicaire s'excusait, dans sa préface, des ommissions certaines qu'il avait faites.

Du reste, mise à part la question de pittoresque, je ne crois pas que les fréquentations des ouvrages anciens sur la cuisine soit très profitable. Les travaux d'Ali-Bab, de notre complice Bertrand Guéguaud (1) rendent superflu l'usage des vieux traités de gourmandise. J'avoue cependant qu'il n'est point déplaisant de faire figurer sur les rayons de la bibliothèque, un ou deux de ces vénérables bouquins et de les placer au bon endroit, entre un Montaigne et un La Fontaine par exemple; quand ce ne serait que pour jouir de la surprise scandalisée des malheureux qui prétendent encore que la « science de gueule » n'est pas une de celles — pour ne pas dire celle — qui font le plus honneur à l'esprit humain.

Pierre VARILLON.

(1) La Fleur de la Cuisine Française.

La Guinguette (Etablissements P. DARIEL)

# COMMERCE EXTÉRIEUR

La statistique nous apprend qu'en 1922, sur un commerce total de 21 milliards et quelques 300 millions, la France a exporté seulement 1.882 millions d'objets d'alimentation, et en 1923, sur un chiffre de 30 milliards et quelques 400 milllions : 3.189 millions de ces mêmes objets d'alimentation.

Il convient d'ajouter qu'en 1922 et en 1923 figurent, sous la rubrique « Colis Postaux » : 1.418 millions et 1.660 millions d'objets non dénommés, où les produits alimentaires doivent entrer pour uue certaine part.

Quoi qu'il en soit, c'est vraiment extraordinaire qu'un grand pays agricole comme la France, qui, d'autre part, a importé pour près de 6 milliards et pour près de 7 milliards et demi d'objets d'alimentation en 1922 et en 1923, soit respectivement à peu près le quart et un peu plus du quart de ses achats n'ait trouvé le moyen d'exporter que moins de 2 milliards et un peu plus de 3 milliards de produits alimentaires dans la même période.

Pour en finir avec les chiffres et pour nous en tenir aux statistiques les plus récentes, celles de 1923, les objets d'alimentation figurent à notre commerce extérieur pour près de 25 % à l'importation et pour 10 % seulement à l'exportation.

A quoi tient cette infériorité particulière de notre commerce d'exportation en produits alimentaires? Pour une très grande part sans doute à notre déficit en blé, mais pour une très grosse part également à un double manque d'organisation nationale.

Nous devrions tout d'abord tirer de nos colonies un chiffre bien plus considérable de produits alimentaires, non seulement le riz d'Indo-Chine, l'arachide du Sénégal et le manioc, mais également le thé, dont le Tonkin nous fournit une qualité très fine à la fois de feuilles et de fleurs, mais en quantité presque négligeable, du café grâce auquel nos vieilles colonies de la Martinique et de la Guadeloupe ont conquis une renommée mondiale, et qui, elles aussi, ne nous approvisionnent qu'en quantité infime, du café qui, en même temps que le cacao, pourrait être cultivé en Nouvelle-Calédonie et dans toute l'Afrique Occidentale et Équatoriale; enfin, toute la gamme si variée, mais si peu connue, à part l'ananas, la banane et la noix de coco, des fruits exotiques. Vous étonneriez bien des Français en leur demandant s'ils ont jamais vu et mangé des avocats, des mangues, des papayes, des ramboutans et des sapotilles !

En mars 1901, quand j'avais encore des illusions de jeunesse sur la propagande coloniale, j'avais investi quelques billets de mille francs dans le journalisme, (c'était alors une fortune) et j'avais créé une petite revue illustrée qui s'appelait : *Les Produits Coloniaux dans l'alimentation*.

Le titre était vraiment trop long et dénotait à lui seul ma grande inexpérience. Cependant l'initiative était intéressante et méritait d'être prisée. Elle excita d'ailleurs en son temps un assez vif intérêt, surtout au lendemain d'un Banquet, le premier Banquet vraiment colonial par son menu, servi chez Marguery le 19 avril 1901, et qui eut les honneurs d'un grand article du « Temps », sous la signature de notre grand maître humoriste et colonial Pierre Mille,

« On a mangé vendredi soir, écrivait Pierre Mille, chez « M. Marguery, qui présidait lui-même le dîner, un cary de « poisson à l'indienne, comme les pauvres français qui n'ont « jamais quitté le sol vulgaire de l'Europe n'en connaissent « point. Il y avait aussi des biscuits de manioc qui sont « excellents et des fondants à la noix de coco : un rêve. »

Et Pierre Mille ajoutait : « Pourquoi ne mangeons-nous « pas le couscous, et le nougat d'arachide, et le foutou de la « Côte-d'Ivoire, et le vin de palme, et le salmis de canard à « la mode malgache ? »

« En prenant certaines précautions, on pourrait certaine« ment bien amener jusqu'en France les mangues fraîches « de la Côte d'Afrique. On n'a jamais essayé. On fait avec « l'ananas une eau-de-vie qu'il faut porter aux nues, mais « c'est un produit de laboratoire pour ainsi dire.

« Ces choses changeront, conclut Pierre Mille, on ne s'est « réuni chez M. Marguery que pour les faire changer. »

Il y a de cela bientôt 24 ans, mon cher Pierre Mille, et les choses n'ont pas changé. Nos colonies continuent à produire des fruits merveilleux qui pourrissent à terre. Il ne s'est même pas enrore trouvé un Syndicat d'automobilistes pour demander qu'on ramasse ces fruits et qu'on en fasse du « carburant national », ce qui ferait baisser le prix de l'essence importée de l'étranger.

Voilà donc une première propagande à réveiller : la propagande coloniale pour l'intensification de la production, l'importation en France et la vulgarisation de la consommation et de l'accommodement dans la cuisine, la pâtisserie et la confiserie, des fruits merveilleux du grand jardin colonial de la France.

Mais il y a une autre propagande à faire beaucoup plus près de nous et qui, elle aussi, est en état complet de léthargie c'est la propagande en faveur de l'exportation des spécialités françaises alimentaires garanties d'origine et de qualité.

On va m'accuser de parler beaucoup de moi dans ce petit article, mais si l'ami de Croze a fait appel à ma collaboration c'est sans doute parce qu'il s'est souvenu que j'y connaissais quelque chose.

Je vais donc rappeler ici qu'à peu près vers la même époque où j'avais encore l'illusion des bienfaits de la propagande coloniale, j'avais aussi l'illusion des résultats qu'on devrait retirer d'une entière propagande nationale en faveur des produits de marque français. Je fis, à ce sujet, une longue enquête auprès des Chambres de Commerce, Syndicats et grands groupements économiques en vue d'arriver à dresser une liste des « spécialités gastronomiques françaises » ayant acquis, avec le temps, une renommée mondiale et qu'il y avait lieu de défendre et de protéger contre la concurrence déloyale intérieure et étrangère (1).

Concurrence déloyale intérieure, chaque fois qu'un fabricant de saucissons domicilié à Orléans ou un fabricant de marrons habitant Montreuil-sous-Bois vend ses produits sous l'étiquette d'origine de « Saucisson de Lyon » ou de « Macarons de Nancy », alors qu'il devrait suffire aux industriels d'Orléans de vendre d'excellent Vinaigre, du Cotignac d'Orléans, et que les horticulteurs des environs de Paris devraient se syndiquer pour empêcher qu'on vendît sous le nom de « pêche de Montreuil » des pêches quelconques en provenance de n'importe où.

Il est évident qu'il ne faut pas pousser trop loin ce souci de la marque d'origine, sans quoi l'on s'exposerait aux railleries trop faciles, comme je l'ai été une fois, en réunion publique, de la part de mon grand maître en science économique Yves Guyot, qui très amicalement mais avec beaucoup d'ironie, me demanda si j'avais l'intention d'apposer des étiquettes sur la queue des « Anguilles de Melun » !

Non, mais au lendemain du jour où le « Syndicat des Fabricants de Véritable Camembert » vient de perdre, en dernière instance son procès et où il s'est trouvé un Tribunal de France pour déclarer que « Camembert » était un mot générique tombé dans le domaine public et pouvait servir dans toute la France et même à l'étranger, pour désigner des fromages à pâte molle et odorante, il est temps de crier « casse-cou ».

Demain, les Allemands vont revenir à la charge et prétendre qu'il n'est pas déloyal de vendre, sous le nom de « Cognac », une eau-de-vie fabriquée à Hambourg avec des alcools d'industrie.

Que deviendraient nos Bourgogne, nos Bordeaux, nos Saumur et notre grand Vin de Champagne s'il était reconnu légal de mettre dans le commerce sous ces noms fameux des liquides blancs et rouges de provenance et de fabrication quelconques.

Heureusement, les Champenois, les Bourguignons et les gens de Touraine ont veillé de temps immémorial avec un soin jaloux sur leurs légitimes et honnêtes prérogatives et c'est ce qui a assuré, jusqu'au jour où l'Amérique s'est déclarée sèche et l'Angleterre protectionniste, le gros chiffre d'exportation que nous faisions autrefois dans ces deux pays et que nous continuons heureusement à faire dans une grande partie du monde.

Je recommanderai donc à tous nos producteurs de « spécialités gastronomiques », qu'à l'imitation du commerce des vins qui a obtenu en France des lois spéciales, dont une sur les délimitations, ils s'organisent, qu'ils créent des Syndicats de défense qui soient en même temps des Syndicats de propagande collective et d'exportation.

Ne vous est-il jamais arrivé, ayant à préparer le menu d'un déjeuner « pas ordinaire » (!), de vouloir y inscrire une « spécialité » provinciale ? Je vous défie bien, dans ce cas de l'avoir facilement trouvée. Quel est donc le magasin de Paris où l'on vende, avec garantie d'origine, de simples « Berlingots de Carpentras », des « Galettes Bretonnes », des « Fruits Confits d'Auvergne », des « Nonettes de Dijon », du « Sucre de pomme de Rouen », ou le « Cotignac d'Orléans », dont je parlais tout à l'heure, et que ne connaissent guère que ceux qui ont visité la ville de Jehanne ?

Le simple fromage ! Où donc peut-on acheter, à Paris, avec la « garantie d'origine », véritable Brie, du Cantal, du Coulommiers, du Géromé, du Pont-l'Evêque et ce divin régal redevenu français après cinquante ans d'exil : le délicieux Munster ?

Et la charcuterie ! Sans parler du Foie Gras, lui aussi retour d'Alsace, où puis-je me procurer des Andouilles de Vire, du Jambon de Bayonne, des Paquets de Marseille ou de simples Rillettes de Tours ?

Pour nous résumer, il y a deux moyens de développer notre commerce extérieur par la Gastronomie :

1° Efforçons-nous de tirer de notre domaine colonial un plus grand nombre de produits exotiques, dont nous sommes actuellement tributaires de l'étranger : cacao, thé, café, poivre, sucre de canne, riz, manioc, arachide, et tous les fruits exotiques que nous consommons à peine ou même pas du tout. Apprenons à faire entrer ces produits exotiques d'une façon plus étendue et plus variée dans la consommation journalière par la vulgarisation d'un certain nombre de recettes culinaires coloniales. Il appartiendra au Salon de l'an prochain de s'efforcer, si ses organisateurs le veulent bien, de créer une *Section de Cuisine Coloniale*, présente dans un cadre exotique qui, j'en suis persuadé, aurait un grand succès.

Nos colonies s'enrichiront en devenant des fournisseurs plus importants de la Métropole ; ce qu'elles gagneront en nous fournissant une plus grande quantité de produits manufacturés français. C'est par centaines de millions que ces échanges entre la Métropole et les colonies devraient progresser chaque année.

2° Qu'à l'exemple des viticulteurs et des négociants en vins, les producteurs et fabricants de « spécialités gastronomiques », garanties d'origine et de qualité se syndiquent à la fois pour empêcher qu'on ne vende, sous un nom d'emprunt, des produits français qui n'ont acquis de notoriété que par le travail accumulé et honnête de plusieurs générations ; que le réveil de la vie provinciale en France se traduise par la constitution d'organisations régionales de puissantes de propagande collective en faveur des innombrables « spécialités gastronomiques françaises », de plus en plus imitées et contrefaites par nos concurrents étrangers.

Pourquoi ne créerait-on pas des Syndicats d'exportation du Foie Gras de Strasbourg, du Pâté de Canard d'Amiens et de la Saucisse de Toulouse, du Miel du Gatinais et des Pruneaux d'Agen, des Petits pois de Clamart et des Asperges d'Argenteuil, de l'Huile d'olive de Nice, de la Moutarde de Dijon et des Truffes du Périgord ?

Il faudrait pour cela que suivant l'initiative prise jusqu'ici par un trop petit nombre de Syndicats, comme le « Syndicat des Producteurs de Noix du Canton de Tulins », des « marques collectives » fussent déposées par les Syndicats intéressés, garantissant l'origine et la qualité des produits mis en vente sous leur marque.

En attendant, organisons la propagande. Faisons connaître les bonnes adresses. A ce point de vue, le lancement du IX^e^ Art par le Salon Gastronomique constitue une forme nouvelle et des plus intéressantes de la propagande gastronomique, dont les initiateurs se trouvent être sans l'avoir recherché au début, les meilleurs agents et des artisans directs du développement de notre commerce intérieur et d'exportation.

Lucien Coquet,
Conseiller du Commerce Extérieur de la France.

---

(1) *Les Indications d'Origine et la Concurrence déloyale*, par Lucien Coquet. — Paris, Eug. Rey, 1913.

# Section Gastronomique Régionaliste du Salon d'Automne 1924

# Grand Palais à Paris

## *CALENDRIER DES JOURNÉES RÉGIONALES*

| | | | |
|---|---|---|---|
| NOVEMBRE : | 1er | *Samedi* | INAUGURATION. |
| | 2 | *Dimanche* | Journées du NIVERNAIS. |
| | 3 | *Lundi* | |
| | 4 | *Mardi* | Journée BORDELAISE. |
| | 5 | *Mercredi* | Journées du Pays NANTAIS. |
| | 6 | *Jeudi* | |
| | 7 | *Vendredi* | Journées de l'ANJOU. |
| | 8 | *Samedi* | |
| | 9 | *Dimanche* | Journée PARISIENNE. |
| | 10 | *Lundi* | Journées du GATINAIS. |
| | 11 | *Mardi* | |
| | 12 | *Mercredi.* | Journées PÉRIGOURDINES. |
| | 13 | *Jeudi* | |
| | 14 | *Vendredi.* | Journées de METZ. |
| | 15 | *Samedi* | |
| | 16 | *Dimanche* | Journées de BRIVE. |
| | 17 | *Lundi* | |
| | 18 | *Mardi* | Journées de la TOURAINE. |
| | 19 | *Mercredi* | |
| | 20 | *Jeudi* | Journées des HORIZONS DE FRANCE et de l'AUTOMOBILE. |
| | 21 | *Vendredi* | |
| | 22 | *Samedi* | Journées de NIMES. |
| | 23 | *Dimanche* | |
| | 24 | *Lundi* | Journée de VIRE. |
| | 25 | *Mardi* | Journée de ROUEN (Hôtel de la Couronne). |
| | 26 | *Mercredi.* | Journée de la HAUTE-BOURGOGNE. |
| | 27 | *Jeudi* | |
| | 28 | *Vendredi* | Journée des Musiciens. |
| | 29 | *Samedi* | |
| | 30 | *Dimanche* | Journée du JURA FRANÇAIS. |
| DÉCEMBRE : | 1er | *Lundi* | Journée du JURA FRANÇAIS. |
| | 2 | *Mardi* | Journées de la BRESSE. |
| | 3 | *Mercredi.* | |
| | 4 | *Jeudi* | Journées du MASSIF CENTRAL. |
| | 5 | *Vendredi* | |
| | 6 | *Samedi* | Journée de la BELGIQUE. |
| | 7 | *Dimanche* | Journée COLONIALE. |
| | 8 | *Lundi* | Journée du LOT. |
| | 9 | *Mardi* | Journée de la CHASSE ET DE LA TRUFFE. |
| | 10 | *Mercredi.* | |
| | 11 | *Jeudi* | Journées de la de la HAUTE-ALSACE et BASSE-ALSACE. |
| | 12 | *Vendredi* | |
| | 13 | *Samedi* | Journées du CLOS NORMAND. |
| | 14 | *Dimanche* | |

# BUFFET DE GARE

## SECTION GASTRONOMIQUE

*SALON D'AUTOMNE*

---

Tony SELMERSHEIM, architecte-décorateur, 62, Boulevard Saint-Marcel

M. Léon BINET, sculpteur, 14, Rue Dutot

*Maisons ayant donné leur concours à titre gracieux :*

SELMERSHEIM ET MONTEIL, menuiseries, 62, Boulevard Saint-Marcel

LINCRUSTA WALTON, linoleum, 10, Rue de la Pépinière

BAUDEMANT, miroiterie, 26, Rue de Paradis

BRILLIÉ, horloge électrique, 28, Boulevard de Villiers à Levallois-Perret

Terrasse d'Auberge par M. TEMPORAL

Exécuté par les Etablissem^ts DARIEL

# LES APPAREILS DE CUISINE ÉLECTRIQUES

Les applications de l'électricité à la cuisine électrique se multiplient de jour en jour.

Il ne fait plus de doute, en effet, aux yeux des personnes compétentes que la cuisine électrique constitue à tous points de vue le summum de la perfection.

Elle est commode : un tour de bouton permet d'obtenir et de régler la température désirée, à l'endroit préférable.

Elle est succulente : la facilité de réglage et les hautes températures obtenues permettent de préparer les mets les plus délicats

et les plus variés : en particulier, les grillades, les rôtis, les pâtisseries sont infiniment supérieurs à ceux cuits au gaz et au charbon.

Elle est hygiénique : la chaleur étant produite sans combustion, c'est la suppression des gaz délétères et des fumées; c'est la cuisine toujours propre et claire et les aliments sains et sans mauvais goût.

Elle est d'un emploi facile même dans une pièce sans cheminée.

Les idées générales qui ont guidé la Cie Française THOMSON-HOUSTON dans la construction de ses appareils de cuisine peuvent se résumer comme suit :

1°. — La chaleur produite par l'électricité coûtant relativement cher, il est de toute nécessité d'en tirer tout le parti possible; dans ce but, la chaleur obtenue par le passage du courant dans les résistances est concentrée

au milieu d'enceintes très soigneusement calorifugées.

2°. — La loi de Joule qui régit la production de chaleur par l'électricité permet de calculer avec une minutieuse précision les températures qu'il sera possible d'atteindre dans un appareil de cuisine.

Chaque corps de chauffe se compose de deux circuits qui, couplés en série ou en parallèle, permettent déjà 3 allures pouvant varier dans le rapport de 1 à 4 (ce qui suffit généralement pour la plupart des applications). Quatre circuits peuvent donner jusqu'à 15 allures variant dans le rapport de 1 à 14, souplesse supérieure à tous les besoins. C'est principalement pour les fours que l'emploi des quatre circuits est intéressant.

3°. — Les dimensions des appareils ont été calculées pour permettre sans inconvénient un intense service quotidien. Leur carcasse émaillée permet un entretien facile de l'extérieur, l'absence de coins inaccessibles à l'intérieur des fours en font des appareils toujours propres et nets.

En plus des qualités ci-dessus énumérées, il y a lieu de signaler l'économie réalisée du fait que la cuisson, au four électrique, n'entraîne qu'une réduction de 5 o/o sur le poids des aliments alors qu'une perte de 20 o/o n'est pas rare avec les anciens modes de cuisson.

# La tenture moderne par excellence

# SALUBRA

**moderne**

par ses dessins et coloris qui renouvellent entièrement le style des tentures murales.

**moderne**

par la fraîcheur et la vivacité de ses tons qu'on n'obtient avec aucun autre papier - et qui ne passent pas au soleil - ce qui est le secret de sa fabrication.

**moderne**

parce qu'elle se brosse et se savonne à grande eau, répondant ainsi au souci de propreté et d'hygiène, que chacun réclame aujourd'hui

**moderne**

parce que ce n'est pas un produit cher, à une époque ou les joies du bien-être et du luxe doivent être à la portée de toutes les bourses.

| Téléphone : Louvre 28-41 — 02-92 | **VIACROZE** S. A. 28, Rue de Richelieu — Paris (1er) | Télégrammes : TekKolin-Paris |
|---|---|---|